Vorspiel 3

Segment 1: Das Universum der dividendenstarken Aktien 6

Segment 2: Navigieren durch die Landschaft der Dividendenaktien 18

Segment 3: Zusammenstellen einer Sammlung von Dividendenaktien 34

Segment 4: Taktische Ansätze im Einklang mit finanziellen Zielen 48

Segment 5: Techniken der Vermögensallokation 51

Segment 6: Aufbau und Beaufsichtigung Ihres Vermögensclusters 55

Segment 7: Die steuerlichen Auswirkungen von Dividenden .. 60

Ergänzendes Segment 1: Lebenserhaltung durch Dividenden 64

Ergänzendes Segment 2: Alternative Finanzinstrumente 67

Dividendeninvestitionen

Einführender Leitfaden zu Aktien und Dividenden

Von Swan Kelly

Copyright-Hinweis

Tutti i diritti riservati. Nessuna parte di questa pubblicazione può essere riprodotta, distribuita o trasmessa in qualsiasi forma o con qualsiasi mezzo, inclusi la fotocopiatura, la registrazione o altri metodi elettronici o meccanici, ohne die ausdrückliche Genehmigung des Herausgebers, außer bei kurzen Zitaten in kritischen Rezensionen und bei bestimmten anderen, nicht kommerziellen Verwendungen, für die eine Genehmigung nach dem Urheberrecht erteilt wurde. Per richieste di permesso, scrivere all'editore, indirizzato a "Ufficio Permessi", all'indirizzo dell'editore.

Copyright © [2023] [Swan Kelly]

Vorspiel

Die Aktienmärkte sind seit langem ein Magnet für Personen, die nach steuerlicher Unabhängigkeit streben. Diese Anziehungskraft ist verständlich, wenn man bedenkt, dass diese Märkte in der Vergangenheit ein außerordentlicher Motor für die Schaffung von Wohlstand waren. So haben die amerikanischen Finanzmärkte im letzten Jahrhundert im Durchschnitt eine jährliche Wachstumsrate von 10 % verzeichnet. Eine Anfangsinvestition von 1.000 Dollar vor einem Jahrhundert hätte sich heute auf etwa 13,78 Millionen Dollar erhöht.

Auch wenn man rückblickend davon ausgehen kann, dass Investitionen vor einem Jahrhundert ideal waren, muss man sich mit den Realitäten der heutigen Marktlandschaft auseinandersetzen. Die grundsätzliche Frage, die sich stellt, lautet: Kann man vernünftigerweise einen kontinuierlichen Aufwärtstrend der Marktentwicklung erwarten? Gibt es eine Methode, um unabhängig von den Marktschwankungen über einen längeren Zeitraum hinweg eine konstante Rendite zu erzielen?

Bevor wir uns mit möglichen Lösungen befassen, ist es wichtig anzuerkennen, dass Gewissheit in der Welt der Investitionen eine Illusion ist. Das mag zwar entmutigend sein - vor allem für jemanden, der neu in der Welt der Anlagen ist - , aber es ist eine wichtige Erkenntnis. Das Erkennen der jeder Anlagestrategie innewohnenden Risiken kann eine bessere Entscheidungsfindung ermöglichen.

Diese Erkenntnis ist von zentraler Bedeutung, da eine übermäßige Risikoaversion dazu führen kann, dass Sie unerreichbare Anlagevorschläge machen. Der Markt ist überschwemmt von solch fantastischen Angeboten, die jeweils astronomische monatliche Renditen bei minimalen Rückschlägen versprechen. Die harte Wahrheit ist, dass diese Angebote illusorisch sind und dass sie garantiert dazu führen, dass Sie Ihre Ressourcen aufbrauchen. Vielmehr ist es unvermeidlich, ein gewisses Risiko in Kauf zu nehmen, wenn man sich am Aktienmarkt engagiert.

Dies ist keine Befürwortung eines rücksichtslosen Anlageverhaltens. Das Ziel besteht darin, ein ausgewogenes Portfolio zusammenzustellen, das ein gewisses Maß an Risiko beinhaltet, aber ein Übermaß vermeidet. Die Schwelle für ein "übermäßiges" Risiko ist subjektiv und von Anleger zu Anleger verschieden, weshalb die Portfolios so unterschiedlich sind wie die Personen, die sie halten.

Unabhängig davon, ob Sie zu einer konservativen Zwei-Aktien-Strategie oder einem abenteuerlicheren Zehn-Aktien-Portfolio tendieren, die Gemeinsamkeit ist die Wirksamkeit von dividendenberechtigten Aktien und Finanzinstrumenten für den langfristigen Vermögensaufbau.

Warum Dividenden?

Stellen Sie sich vor, Sie besitzen eine Aktie, die Ihnen hin und wieder Bargeld auszahlt. Zusätzlich zu den Bargeldzahlungen steigt der Wert der Aktie im Laufe der Zeit, so dass Sie auf zwei Arten Geld damit verdienen können. Wenn Sie sich schon einmal mit Immobilieninvestitionen beschäftigt haben, werden Sie diese Art von Vermögenswerten kennen. So verhält sich eine Immobilie nun einmal.

Auf dem Aktienmarkt können Sie in Dividendenpapiere investieren, um diese Wertentwicklung nachzubilden. Dividendeninvestitionen werden in Kreisen der Anlageerziehung häufig als Königsweg angepriesen. Ich muss erwähnen, dass diese Strategie in keiner Weise eine Garantie für Reichtum ist. Sie ist mit einem Risiko verbunden.

Im Vergleich zu anderen Anlageformen minimiert die Dividendenanlage jedoch die Risiken und bietet den Anlegern eine hohe Wahrscheinlichkeit, Geld zu verdienen. Es handelt sich dabei sicherlich nicht um ein System, mit dem man schnell reich werden kann. Aber es ist auch keine riskante Anlagestrategie. In diesem Buch erfahren Sie, warum dies der Fall ist und wie Sie Ihr Portfolio so strukturieren können, dass es diese Eigenschaften berücksichtigt.

Für Investitionen in Dividenden gibt es keine Hindernisse. Egal, ob Sie nur 100 Dollar auf Ihrem Konto haben oder 10.000 Dollar, Dividendeninvestitionen passen zu jedem Dollarbetrag. Viele Anlagestrategien, die hohe Renditen versprechen, funktionieren nicht mehr, wenn das investierte Kapital zu groß wird. Denn je größer das Kapital ist, desto schwieriger ist es, überdurchschnittliche Marktrenditen zu erzielen.

Dividendeninvestitionen sind großartig, weil sie unabhängig von der Höhe Ihres Kapitals funktionieren. Das Beste daran ist, dass Sie Ihr Portfolio auf Autopilot stellen und es vergessen können. Ihr Portfolio läuft im Hintergrund weiter und bringt Ihnen Geld ein, während Sie Ihre ganze Energie auf das konzentrieren, was Sie interessiert. Wenn Sie also auf der Suche nach passiven Einkommensströmen sind, bieten Dividendeninvestitionen eine großartige Möglichkeit für Sie.

Beachten Sie, dass es eine Weile dauert, bis Sie genug passives Einkommen aus Dividenden aufgebaut haben, um Ihren Lebensstil zu finanzieren, sogar bis zu einem Jahr oder länger. Betrachten Sie es als einen Marathon und nicht als einen kurzen Sprint. Wenn Sie jedoch dranbleiben und die Grundsätze in diesem Buch befolgen, werden Sie am Ende einen Wohlstandsstrom schaffen, der Sie für eine lange Zeit ernähren wird.

Viele Anleger sabotieren sich selbst, weil es ihnen an Geduld mangelt. Sie wollen sofort Gewinne und Reichtum und investieren den Großteil ihres Geldes in heiße Aktien und andere Scharaden, wie z. B. Penny Stocks oder

Kryptowährungen. Das Einzige, was bei diesen Unternehmungen garantiert ist, ist, dass sie eine Menge Glück erfordern, vor allem, wenn man sie nicht versteht. Um diese Art von Instrumenten zu verstehen, ist Geschicklichkeit sehr wichtig, aber noch wichtiger ist, dass Sie nur so viel Geld in sie investieren, wie Sie sich auch leisten können zu verlieren.

Dividendeninvestitionen sind langweilig, genau wie Investitionen sein sollten. Es wird Ihnen keine schlaflosen Nächte bereiten, und es ist auch nicht so, als würden Sie sich an eine Achterbahn anschnallen. Sie werden Ihr Portfolio nicht öfter als einmal im Monat überprüfen. Sie können Ihre Anlagetätigkeit sogar so weit automatisieren, dass Sie nicht mehr als einmal im Jahr nachschauen müssen.

Wenn sich das für Sie gut anhört, dann ist die Dividendenanlage die perfekte Strategie für Sie. Lassen Sie es mich so formulieren: Wenn Ihnen jemand sagen würde, dass Sie eine Million Dollar verdienen können, indem Sie am Anfang ein wenig Arbeit investieren und sich dann zurücklehnen und nichts weiter tun, würden Sie das Angebot annehmen? Das ist es, was Dividendeninvestitionen ausmacht.

Eine persönliche Odyssee

Meine Reise in die Welt der Geldanlage begann vor fünf Jahren, und seitdem ist es meine Leidenschaft, Menschen die Wunder der Dividendenanlage näher zu bringen. Mein Ziel ist es, einen Notgroschen für den Ruhestand aufzubauen, der mir ein Leben lang reicht und mir hilft, finanziell unabhängig zu werden. Ich denke an den Ruhestand, und passives Einkommen ist das Mittel, mit dem ich mir ein Leben nach meinen Vorstellungen gestalten kann.

Verstehen Sie mich nicht falsch, bevor ich das erreicht habe, was ich jetzt habe, habe ich buchstäblich Millionen verloren. Ich war ein Opfer all dieser "Get-Rich-Quick"-Systeme, die von meiner Neugier und meinen Emotionen angetrieben wurden, und leider habe ich auch den falschen Leuten vertraut. Es war eine schreckliche, aber lebensbestimmende Phase in meinem Leben. Ich habe alle Lehren gezogen, die ich ziehen konnte, um wieder auf die Beine zu kommen und mich zu erholen.

Ich glaube, dass Dividendeninvestitionen das Leben der Menschen verändern können, wenn sie ihnen nur eine Chance geben. Ich habe so viele Menschen gesehen, die sich auf der Jagd nach dem schnellen Geld selbst entgleisen, und das frustriert mich unendlich. Man braucht keine besondere Ausbildung oder einen hohen IQ, um als Dividendenanleger erfolgreich zu sein. Wichtig ist, dass ich kein Finanzberater bin. Mein Ziel ist es, die Lektionen, die ich auf meinem Weg gelernt habe, weiterzugeben. Am besten recherchieren Sie selbst und lassen sich bei Bedarf von einem Fachmann beraten, wenn Sie spezielle Pläne für Ihre Investitionen haben.

Können Sie addieren? Multiplizieren? Teilen? Subtrahieren? Wenn Sie diese Fragen mit "Ja" beantwortet haben, sind Sie bestens qualifiziert, um als Dividendeninvestor zu arbeiten. Viele Menschen machen den Anlageprozess zu kompliziert, und deshalb habe ich dieses Buch geschrieben. Meine Absicht ist es, Ihnen zu zeigen, dass Sie nicht zu viel über Investitionen nachdenken müssen.

Stattdessen müssen Sie nur ein paar Grundprinzipien befolgen, um viel Geld zu verdienen, und schon geht es Ihnen gut. Lassen Sie uns also ohne Umschweife eintauchen und herausfinden, was genau diese mythischen Dividenden sind.

Segment 1: Das Universum der dividendenstarken Aktien

Was also ist eine Dividende, und warum ist sie so besonders? Um diese Frage zu beantworten, müssen wir einen Schritt zurücktreten und untersuchen, was eine Aktie ist. Eine Aktie ist eine Sammlung von Einzelaktien, und eine Aktie ist buchstäblich ein Stück eines Unternehmens, das sich auf einem öffentlichen Markt bewegt. Unternehmen verkaufen Aktien von sich selbst, um Geld von Anlegern zu erhalten, und verwenden dieses Geld dann zur Finanzierung ihrer Geschäfte.

Die Besitzer von Aktien erhalten Vorteile, gehen aber auch einige Risiken ein. Zunächst einmal erhalten sie das Recht auf eine Beteiligung an den Gewinnen, die ein Unternehmen erwirtschaftet. Allerdings sind sie auch den Verlusten ausgesetzt, die das Unternehmen im Rahmen seiner Geschäftstätigkeit erleidet. Dies steht im Gegensatz zu den Gläubigern eines Unternehmens, die unabhängig von den Ereignissen eine Zinszahlung erhalten.

Aktienbesitz ist also ein Geschäft mit hohem Risiko und hohem Gewinn. Beachten Sie, dass der Begriff "hohes Risiko" hier relativ ist. Das Risiko des Aktienbesitzes ist größer als das von Unternehmensschulden oder Anleihen. In einige Unternehmen zu investieren ist riskanter als in andere. In ein neues Unternehmen, das noch nie Geld verdient hat, zu investieren, ist riskanter als in ein Unternehmen wie Coca-Cola, das es schon seit Jahren gibt.

Coca-Cola ist ein stabiles Unternehmen mit einer gut eingeführten Marke und einem gut eingeführten Geschäftsmodell. Auch wenn es hin und wieder unter Rückschlägen leidet, sind die Chancen auf seiner Seite. Beim Investieren muss man sich auf die Erfolgschancen konzentrieren, nicht auf die Gewissheit. Auf dem Markt gibt es keine Gewissheiten, und deshalb konzentrieren sich große Investoren darauf, die Chancen auf ihrer Seite zu haben, bevor sie ihr Geld investieren.

Um auf die Aktien zurückzukommen: Einige Unternehmen sind stabiler als andere und erwirtschaften eine Menge Geld durch Gewinne. Ein bestimmter Prozentsatz dieser Gewinne wird wieder in das Unternehmen investiert, um noch mehr Gewinne zu erzielen. Wenn Sie zum Beispiel einen Limonadenstand betreiben, werden Sie diese Gewinne reinvestieren, um mehr Zitronen, Zucker, Wasser, einen neuen Stand usw. zu kaufen.

Angenommen, Sie haben noch etwas Geld übrig, wenn Sie all diese Dinge gekauft haben. Sie können etwas Bargeld auf der Bank liegen lassen, um für Notfälle vorzusorgen. Was wäre, wenn Sie noch etwas Bargeld übrig hätten? Da Sie keine Verwendung dafür haben, ist es sinnvoll, sich eine besondere "Dividende" zu zahlen.

Auch in größeren Unternehmen werden Dividenden ausgeschüttet.

Was sind Dividenden?

In der Buchhaltung ist eine Dividende eine Zahlung, die ein Unternehmen an seine Aktionäre leistet. Diese Zahlung kann in Form von Bargeld, Aktien oder sogar Eigentum erfolgen. Am häufigsten sind jedoch Bardividenden, während Sachdividenden so gut wie gar nicht vorkommen. Im Idealfall wird eine Dividende gezahlt, nachdem das Unternehmen seinen gesamten Reinvestitionsbedarf gedeckt hat.

Die Logik hinter einer Dividendenausschüttung besteht darin, dass ein Unternehmen, das keine Verwendung für Barmittel hat, seinen Anlegern die Möglichkeit geben muss, diese durch ein anderes Vorhaben zu nutzen. Nehmen wir an, Sie haben einen Betrag in ein Unternehmen investiert und es hat noch 1.000 Dollar übrig. Wenn das Unternehmen diese Summe nicht braucht, kann es sie Ihnen auszahlen, und Sie können sie in etwas anderes investieren, wo sie wachsen wird. Das ist im Wesentlichen der Grund, warum Unternehmen Dividenden ausschütten.

Dividenden werden im Verhältnis zu Ihrem Aktienbesitz gezahlt. Jemand, der mehr Aktien besitzt als Sie, bekommt also mehr ausgezahlt. Ich möchte darauf hinweisen, dass Unternehmen nicht verpflichtet sind, Dividenden zu zahlen; ein Unternehmen, das schnell wächst, wird wahrscheinlich keine Dividenden zahlen. Wachsende Unternehmen brauchen alles Geld, das sie in die Finger bekommen können, und sind daher am besten bedient, wenn sie es festhalten.

Manche Unternehmen haben keinen Bedarf an Bargeld, weigern sich aber trotzdem, Dividenden zu zahlen. Warum das so ist, werden Sie bald erfahren. Bis dahin sollten Sie sich darüber im Klaren sein, dass die Entscheidung, eine Dividende zu zahlen, allein bei der Unternehmensleitung liegt. Die Anleger müssen eine Aktionärsabstimmung einberufen und eine Mehrheit gewinnen, um die Unternehmensleitung zu einer Dividendenausschüttung zu bewegen.

Ein gutes Beispiel dafür ist das Jahr 2012, als Apple endlich beschloss, seinen Anlegern eine Dividende zu zahlen. Das Unternehmen verfügte über mehr Barmittel, als es verwenden konnte, aber da es diese Mittel auf Offshore-Konten in Irland aufbewahrte, konnte es sie nicht an die Anleger auszahlen, ohne hohe Steuern zahlen zu müssen. Apple begnügte sich zunächst damit, auf diesem Bargeldhaufen zu sitzen und nichts zu tun.

Investoren unter der Führung des Hedgefonds-Aktivisten David Einhorn riefen jedoch eine Abstimmung ins Leben und drängten Apple dazu, eine Dividende aus diesem Bargeldhaufen zu zahlen. Apple lieh sich schließlich Geld von amerikanischen Institutionen, verrechnete diese Schulden mit seinem riesigen Bargeldbestand und zahlte den Anlegern eine Dividende.

Einige Anleger stellen Dividenden gerne als etwas dar, das immer gut ist, aber die Wahrheit ist, dass jeder Fall anders gelagert ist. Im Fall von Apple war die Zahlung einer Dividende gut. Es gab jedoch auch Fälle, in denen eine Dividendenzahlung für die Aktionäre schlecht war. Um zu verstehen, warum das so ist, lohnt es sich, einen Blick darauf zu werfen, wie der Aktienmarkt Dividenden bewertet.

Das Wesen von Dividendenaktien

Dividendenaktien sind Aktien, die eine Dividende ausschütten. Ein Unternehmen, das eine Dividende ausschüttet, ist oft stabil und verfügt über einen ausreichenden Bargeldbestand, um sein Geschäft aufrechtzuerhalten. Dies kann für die Unternehmensleitung Fluch und Segen zugleich sein. Sobald eine Dividende ausgeschüttet wird, neigt der Markt dazu, die Aktie hoch zu bewerten, und ihre Kurse schwanken weniger, da sie als stabiles Unternehmen angesehen wird. Wenn der breite Markt unter einem Abschwung leidet, halten Dividendenaktien ihre Kurse in der Regel viel besser als Aktien, die keine Dividende zahlen.

Somit kann eine Dividende die Wahrnehmung und Bewertung eines Unternehmens auf dem Markt steigern. Die Anleger verlassen sich jedoch auf die regelmäßigen Dividendenzahlungen als Zeichen der Stabilität. Wenn die Dividende sinkt oder ausgesetzt wird, ist auf den Märkten in der Regel die Hölle los, weil dies eine Verkaufswelle bei der Aktie auslöst.

Dies geschieht in der Regel aufgrund der Funktionsweise des institutionellen Finanzwesens. Große Investmentfonds teilen ihr Vermögen innerhalb strenger Parameter auf. So müssen einige Fonds beispielsweise 10 % ihres Gesamtkapitals in eine dividendenstarke Aktie innerhalb eines Sektors investieren. Das Kriterium für diese Investition muss ein Unternehmen sein, das seine Zahlungen über eine bestimmte Anzahl von Jahren aufrechterhalten hat, und es muss Größenanforderungen oder andere Richtlinien erfüllen.

Setzt ein Unternehmen seine Dividende aus oder hält sie nicht mehr auf demselben Niveau wie in der Vergangenheit, verstößt es gegen diese Kriterien, und das Institut muss seine Aktien verkaufen. Da sie einige hundert Millionen bis eine Milliarde besitzen, löst dies eine große Verkaufswelle aus, und der Aktienkurs fällt. Dieser Rückgang wiederum veranlasst kleinere Anleger, aus Panik zu verkaufen.

Auch die Ankündigung einer Dividendenaussetzung löst eine eigene Verkaufswelle aus. Wenn ein Unternehmen zum ersten Mal in seiner Geschichte eine Dividende ausschüttet, macht es sich die Unternehmensleitung zur Aufgabe, diese auf jeden Fall beizubehalten. In vielerlei Hinsicht überholt eine kontinuierliche Dividendenzahlung die geschäftlichen Erfordernisse.

Ein gutes Beispiel dafür war Boeing im Jahr 2020. Boeing hatte seit 2015 ein paar harte Jahre hinter sich, dank der katastrophalen Markteinführung seines Flugzeugs 737 Max. Tödliche Abstürze, Beschwerden über unsichere Qualitätskontrollen und die Ignoranz des Managements drückten den Aktienkurs des Unternehmens nach unten. Trotz der geringeren Gewinne behielt das Management von Boeing die Dividende bei, obwohl es besser gewesen wäre, die Barmittel zu behalten, die Dividende zu kürzen oder auszusetzen und das Geld wieder in das Unternehmen zu investieren.

Betrachten Sie es einmal so: Wenn Sie einen Limonadenstand betreiben und sich einer schwierigen Geschäftslage gegenübersehen, bei der Sie wissen, dass Sie mehr Geld benötigen, um Ihr Geschäft aufrechtzuerhalten, würden Sie sich dann freiwillig einen Dividendenbonus auszahlen? Die meisten Unternehmer würden das nicht tun, aber die Unternehmensleitung von Boeing tat dies, weil sie befürchtete, dass der Aktienkurs abstürzen würde, wenn sie die Dividende kürzen würde.

Doch es sollte noch schlimmer kommen. Das Jahr 2020 brach an, und die Pandemie legte die Luftfahrtindustrie, den größten Kunden von Boeing, lahm. Da die Aufträge auf Null zurückgingen, verzeichnete Boeing einen großen Verlust, und die Frage der Dividende stellte sich erneut. Einige Anleger, vor allem uninformierte, meinten, Boeing müsse sich Geld leihen und den Anlegern eine Dividende zahlen, um den Aktienkurs zu halten.

Es gibt logische Gymnastik, und dann gibt es diese Sichtweise. Der Gedanke, dass sich ein Unternehmen stärker verschulden sollte, wenn es um die Erzielung von Gewinnen kämpft, nur um seinen Aktienkurs zu stützen, zeigt, wie die Geschichte der Dividendenausschüttung die Köpfe vernebeln kann. Zum Glück hat die Unternehmensleitung von Boeing das Logische getan und die Dividende ausgesetzt. Der Aktienkurs fiel, aber es war nicht so, dass der Rückgang angesichts der Lage des Unternehmens nicht gerechtfertigt gewesen wäre.

Bei der Bewertung von dividendenzahlenden Unternehmen stößt man häufig auf solche Szenarien, in denen die Unternehmensleitung die Dividende um ihrer selbst willen beibehält und nicht um der Gesundheit des Unternehmens willen. Dies ist nicht unbedingt ein Zeichen für ein schlechtes Management, sondern spiegelt die irrationale Art und Weise wider, in der der Markt Dividenden manchmal betrachtet.

Dennoch gibt es einige klare Vorteile, in dividendenzahlende Unternehmen zu investieren.

Termine

Ein Unternehmen, das eine Dividende zahlt, folgt einem gut dokumentierten Prozess, den die Anleger verfolgen können. Dieser Prozess wird durch eine Reihe von Terminen bestimmt. Das erste Datum, das es zu beachten gilt, ist das Deklarationsdatum, d. h. das Datum, an dem der Verwaltungsrat seine Absicht zur Zahlung einer Dividende bekannt gibt. In dieser Ankündigung wird in der Regel ein weiteres Datum genannt: das Ex-Dividenden-Datum.

Das Ex-Dividenden-Datum ist das wichtigste Datum von allen. Es ist der erste Tag, an dem die Aktie ohne Anspruch auf eine Dividende gehandelt wird, und liegt in der Regel zwei Tage vor dem Stichtag. An diesem Tag wird der Kurs der Aktie um den Betrag der Dividende reduziert. Wenn Sie eine Aktie am Ex-Dividenden-Tag kaufen, erhalten Sie erst dann eine Dividende, wenn sie für den nächsten Zeitraum beschlossen wird. Um in den Genuss der Dividende zu kommen, müssen Sie die Aktie vor dem Ex-Dividenden-Tag kaufen; wenn Sie eine Aktie auch nur einen Tag vorher kaufen und sie am angegebenen Tag verkaufen, haben Sie Anspruch auf die Dividende.

Zwei Tage nach dem Ex-Dividenden-Tag ist der Stichtag. Viele neue Anleger verwechseln das Record Date mit dem Ex-Datum. Die Definition des Stichtags hat etwas damit zu tun. Der Stichtag ist der Zeitpunkt, an dem der Vorstand eine Liste der Aktionäre zusammenstellt, um festzustellen, wer eine Dividende erhält. Anfänger verwechseln diesen Zusammenstellungsprozess mit dem Feststellungsprozess. Stattdessen ist es am besten, den Stichtag als Tag der Listenerstellung zu betrachten.

An diesem Tag sieht das Unternehmen seine Unterlagen durch und stellt fest, wer seine Aktien vor dem Ex-Datum besaß. Dann kommt der Stichtag, an dem die Namen in einer Liste zusammengestellt werden. Schließlich gibt es noch den Auszahlungstag, der selbsterklärend ist. Das ist der Zeitpunkt, an dem die Anleger ab dem Ex-Termin ihre Zahlungen erhalten.

Diese Daten haben erhebliche Auswirkungen auf die Kurse. In der Regel sinkt der Kurs der Aktie vor dem Ex-Termin um den Betrag der erklärten Dividende. Nach dem Ex-Termin steigt er wieder an, da die Käufer zu diesem Zeitpunkt die Dividende nicht erhalten. Man könnte meinen, dass es hier eine profitable

Strategie gibt, bei der man eine Aktie vor dem Ex-Termin kauft, die Dividende mitnimmt und dann den Wiederanstieg nach dem Ex-Termin mitnimmt.

Das Problem ist jedoch, dass alle anderen Marktteilnehmer dies wissen und Sie aufgrund der überhöhten Preise wahrscheinlich nicht viel Geld verdienen werden. Außerdem bringen diese kurzfristigen Taktiken auf lange Sicht kein Geld ein. Am besten ist es, sich auf das Wesentliche zu konzentrieren und langfristig investiert zu bleiben und nicht zu versuchen, sich selbst zu überlisten.

Warum in Dividendentitel investieren?

Dividenden haben bei den Renditen, die Anleger in den letzten 50 Jahren erhalten haben, eine wichtige Rolle gespielt. Unternehmen, die Dividenden gezahlt haben, verzeichneten seit 1973 das höchste Wachstum.

Dividendenaktien vs. Wachstumsaktien vs. Dividendenwachstumsaktien

Jede Aktie, die eine Dividende zahlt, ist eine Dividendenaktie. Sie sind stabil, ausgereift und glauben, dass das künftige Wachstum begrenzt ist, so dass es sinnvoller ist, Dividenden an die Aktionäre zu zahlen. Sie sind sichere Unternehmen und eignen sich hervorragend für risikoscheue Anleger, da sie weniger schwankungsanfällig sind und einen sicheren Cashflow bieten. IBM, Coca-Cola usw. sind gute Beispiele dafür.

Dividendenwachstumsaktien sind eine Art von Dividendenaktien. Sie geben Dividenden zu niedrigeren Renditen aus und sind billiger als normale Dividendenaktien. Allerdings steigen ihre jährlichen Ausschüttungen, was sie zu attraktiven langfristigen Anlagen macht.

Wachstumsaktien sind Unternehmen, die nach wie vor ein hohes Wachstum verzeichnen und keine Dividenden ausschütten, was bedeutet, dass sie viele Expansionsmöglichkeiten haben. Beispiele für solche Unternehmen sind Amazon, Nautilus und Alibaba.

Vorteile von Dividendentiteln

Eine Anlage, die sich sowohl über Kurssteigerungen (Kapitalgewinne) als auch über Cashflow (Dividenden) auszahlt, hat zwangsläufig eine Reihe von Vorteilen zu bieten. Hier sind einige von ihnen, in keiner bestimmten Reihenfolge.

Stabilität

Anleger, die das Risiko in ihrem Portfolio minimieren wollen, greifen häufig zu Dividendenpapieren, da diese langfristig stabiler sind. Ein Unternehmen, das eine Dividende zahlt, ist in der Regel in seiner Branche gut etabliert, so dass es in der Regel nicht allzu viel Konkurrenz hat. Selbst wenn dies der Fall ist, hat es diese wahrscheinlich gut unter Kontrolle.

Infolgedessen fallen Dividendenaktien in Bärenmärkten (ein Begriff für fallende Märkte) nicht so stark. In manchen Fällen steigen ihre Kurse sogar ein wenig, weil sie als sichere Häfen gelten. Betrachten Sie zum Beispiel ein Unternehmen wie Coca-Cola. Es hat ein Produkt, das weder in guten noch in schlechten Zeiten aus der Mode kommt, eine riesige Marketingmaschine, die zu seinen Gunsten arbeitet, und mit Pepsico nur einen großen Konkurrenten.

Das Unternehmen hat einen Markennamen, der überall auf der Welt bekannt ist, und verfügt über eine Reihe von Tochterunternehmen mit ebenso starken Markennamen. Damit verfügt das Unternehmen über ein starkes Portfolio, das ihm helfen wird, auch schwierige Zeiten zu überstehen. In guten Zeiten wird es wahrscheinlich nicht mit den heißesten Aktien auf dem Markt mithalten können, aber es ist ja nicht so, als würde es überstürzt fallen.

Die Stabilität erstreckt sich auch auf das Management. Die Manager solcher Unternehmen sind in der Regel Personen, die ihr ganzes Berufsleben lang in diesen Unternehmen gearbeitet haben. Daher kennen sie das Unternehmen in- und auswendig. Selbst wenn das Unternehmen jemanden von außen einstellt, verfügt die Person, die den Posten besetzt, über eine Menge Erfahrung und wurde gründlich überprüft.

Die Aktionäre können sich also darauf verlassen, dass das Unternehmen durch die Kombination von stabiler Betriebswirtschaft und Management stets in guten Händen ist.

Vorteile für Stakeholder

Eines der Dinge, die Anleger am meisten verärgern, ist ein Management, das die Belange der Aktionäre bei Entscheidungen über die Zukunft des Unternehmens nicht berücksichtigt. Es stimmt zwar, dass eine Aktie Eigentum an einem Unternehmen darstellt, aber die meisten Unternehmensleiter und CEOs sehen die Aktionäre nicht als ihre Vorgesetzten an.

Es ist zum Beispiel schwer vorstellbar, dass jemand wie Jeff Bezos oder Mark Zuckerberg denkt, dass sie für ihre Aktionäre arbeiten. Diese Männer haben eine Vision und arbeiten aktiv für diese Vision. Soweit es sie (wahrscheinlich) betrifft, sind ihre Aktionäre mit von der Partie.

Die meisten Firmenchefs strukturieren ihre Aktien so, dass die Aktien, die sich im Besitz von gewöhnlichen Anlegern befinden, weniger Stimmrechte haben als die, die ihnen gehören. Auf diese Weise haben die durchschnittlichen Aktionäre kein Mitspracherecht bei der Führung des Unternehmens. Wenn das Unternehmen beschließt, keine Dividende zu zahlen, kann ein Stammaktionär nicht viel tun, außer darauf zu warten, dass ein aktivistischer Hedge-Fonds die Dividende kassiert.

Diese Hedge-Fonds haben die Verbindungen und die Macht, Aktien zu kaufen, die mit erheblichen Stimmrechten verbunden sind, und können so etwas bewirken. Bei Dividendentiteln ist dieses Szenario jedoch nicht möglich. Allein die Tatsache, dass die Unternehmensleitung eine Dividende zahlt, deutet darauf hin, dass ihr die Interessen der Aktionäre am Herzen liegen.

Aufgrund des potenziellen Kursrückgangs bei Aussetzung der Dividende setzt die Unternehmensleitung alles daran, dass das Unternehmen einen freien Cashflow erwirtschaftet, der mindestens so hoch ist wie die Dividendenzahlung. Unabhängig davon, was das Management denkt oder will, haben die Belange der Aktionäre Vorrang.

Es stimmt zwar, dass die Unternehmensleitung die Aktionäre nicht bei jeder Entscheidung um ihre Meinung bitten muss, aber die Aktionäre können sich darauf verlassen, dass die Unternehmensleitung aufgrund der Dividende bei ihren Entscheidungen an sie denken muss. Dies steht in krassem Gegensatz zu der Art und Weise, in der Stammaktionäre von Unternehmen behandelt werden, die keine Dividende ausschütten.

Residuale Erträge

Viele Anleger träumen davon, ein passives Einkommen zu erzielen. Normalerweise sieht der Ruhestandsplan des durchschnittlichen Anlegers vor, lange zu sparen, einen anständigen Notgroschen anzulegen und diesen dann in etwas zu investieren, das ihm einen monatlichen Cashflow beschert. Mit Dividendeninvestitionen können Anleger vorzeitig ein passives Einkommen erzielen.

Darüber hinaus ist es möglich, diese Dividenden zu nutzen, um Ihre Investition schneller wachsen zu lassen. Dank Dividenden-Reinvestitionsprogrammen (DRIPs) können Sie Ihre Dividenden wieder in die Unternehmen investieren, die sie ausgeschüttet haben, und damit Ihre Investition erhöhen. Dies führt zu höheren Dividendenausschüttungen in der Zukunft, die sowohl Ihren Bestand als auch Ihre Dividendenzahlungen erhöhen.

Dividendenaktien und -instrumente schaffen einen Schneeball passiver Einkünfte, der mit der Zeit wächst. Und wenn Sie in die richtigen Aktien investieren, können Sie am Ende auch Anteile eines Dividendenwachstumsunternehmens erwerben. Diese Unternehmen bieten Anlegern Kapitalgewinne durch steigende Aktienkurse und einen zunehmenden Cashflow dank steigender Dividendenausschüttungen im Laufe der Zeit. Mehr über diese Unternehmen erfahren Sie in einem späteren Kapitel.

Bis dahin sollten Sie sich darüber im Klaren sein, dass es einfach ist, mit Dividendeninvestitionen passives Einkommen zu erzielen. Alles, was Sie tun müssen, ist, eine erste Analyse eines Unternehmens oder einer Gelegenheit durchzuführen und dann Ihr Geld darin zu investieren. Von da an sorgen DRIPs und Dividendenwachstum dafür, dass Ihr Portfolio ständig wächst.

Das Tolle an Dividendeneinkünften im Vergleich zu anderen beliebten Einkommensmethoden ist, dass sie wirklich passiv sind. Online-Geschäfte zum Beispiel werden als passive Einkommensquellen angepriesen, aber das sind Vollzeitgeschäfte, um die man sich ständig kümmern muss.

Bei der Dividendenanlage müssen Sie lediglich Ihr Geld in eine Aktie investieren und die Schecks abholen, wenn Sie bezahlt werden. Sie müssen nichts weiter tun, als zu überwachen, ob Ihre Anlagethese für eine Aktie noch gültig ist oder nicht. Wenn Sie nicht einmal eine grundlegende Aktienanalyse durchführen wollen, können Sie gegen eine geringe Gebühr in einen Fonds investieren, der in Dividendenwerte anlegt. Auf diese Weise können Sie Ihre Investitionen wirklich einstellen und vergessen und sich auf die Dinge konzentrieren, die Ihnen wirklich wichtig sind. Dividendeninvestitionen sind vielseitig genug, um sowohl aktiven als auch passiven Anlegern gerecht zu werden. Ganz gleich, für welchen Ansatz Sie sich entscheiden, Sie werden problemlos ein passives Einkommen erzielen.

Beachten Sie, dass die Erzielung passiver Einkünfte Zeit braucht, um ein hohes Niveau zu erreichen. Sie werden später in diesem Buch mehr darüber erfahren, aber für den Moment sollten Sie wissen, dass Sie, wenn Sie in einen dividendenzahlenden ETF oder Investmentfonds investieren, einen Cashflow in Höhe von drei Prozent pro Jahr aus Ihrer Investition erwarten können. Wenn Sie also 10.000 $ investieren, können Sie mit 300 $ pro Jahr rechnen.

Mit 300 Dollar können Sie weder Ihre Rechnungen bezahlen noch sich finanzielle Freiheit verschaffen. Aus diesem Grund ist Zeit ein so wichtiger Bestandteil der Schaffung von passivem Einkommen, da Sie bei Ihrer Dividendeninvestitionsstrategie konsequent und geduldig sein müssen. Viele Menschen sehen solche Zahlen und halten sie für trostlos, aber sie bedenken nicht, dass ihre anfängliche Investition im Laufe der Zeit wächst und ihre Dividenden durch Reinvestition steigen werden.

Mehr noch: Wenn Sie regelmäßig Geld in diese Instrumente investieren, können Sie Ihr Portfolio erheblich vergrößern. Nehmen wir zum Beispiel an, Sie investieren jetzt 5.000 $ und beschließen, in den nächsten 30 Jahren jeden Monat 500 $ zu investieren. Nehmen wir weiter an, dass der Markt mit 10 % pro Jahr wächst, was die durchschnittliche Wachstumsrate ist.

Das sind 1.074.211 $ am Ende von 30 Jahren. Angenommen, Sie möchten, dass dieser Notgroschen Ihnen einen Cashflow beschert, dann können Sie ihn in Instrumente investieren, die eine höhere Dividende zahlen, beispielsweise acht bis 10 %. Mit diesen Instrumenten können Sie keine Kapitalgewinne erzielen, aber da Ihr Ziel darin besteht, Cashflow zu generieren, haben Kapitalgewinne keine Priorität.

Auf diese Weise werden Sie einen Cashflow von 107.421 $ pro Jahr oder 8.951 $ pro Monat erzielen. Unabhängig davon, welchen Lebensstandard Sie anstreben, wage ich die Vermutung, dass dieser Betrag in einem angemessenen Umfang dafür ausreicht. So bauen Sie im Laufe der Zeit ein passives Einkommen auf.

Falls Sie sich wundern: Keine dieser Annahmen ist ungewöhnlich oder unrealistisch. Es ist möglich, ein Portfolio wie dieses aufzubauen. Alles, was Sie dazu brauchen, ist Geduld und ein Verständnis für den Wert langfristiger Investitionen. Es ist verlockend, der sofortigen Befriedigung hinterherzujagen und zu versuchen, den Markt zu timen oder schnell rein- und rauszugehen. Dies behindert jedoch nur die Fähigkeit, den Wertzuwachs Ihrer Investitionen zu steigern. Der Zinseszins ist das, was Anlegern langfristig das meiste Geld einbringt. Stellen Sie sicher, dass Sie ihn jederzeit auf Ihrer Seite haben, indem Sie diszipliniert sind und Ihr Geld die Arbeit für Sie erledigen lassen.

Hier ist eine Liste von Aktien mit historisch hohen Renditen:

- USA & Nordamerika
  - Roper Technologies
  - Walmart
  - Abbott Laboratories
  - Waste Connections
  - Kanadische Staatsbahn
- Südamerika
  - Petrobras
  - BK Santander
  - Bancolombia
  - Ecopetrol
- Europa
  - Halma
  - Coloplast
  - Lindt & Sprungli
  - Diageo
- Afrika

- RMB Holdings
- BHP Gruppe PLC
- Trencor LTD
- **Asien & Ozeanien**
- BHP-Gruppe
- Samsung Elektronik
- Softbank Corp
- Rio Tinto LTD

Nachteile

Die Investition in Dividendenpapiere ist zwar großartig, aber es gibt auch ein paar Nachteile, die Sie beachten sollten. Zunächst einmal generieren Dividendenaktien zwar regelmäßig Cashflow, doch der Nachteil ist, dass Sie keine massiven Kapitalgewinne erzielen werden. Das liegt daran, dass ein Unternehmen, das Dividenden ausschüttet, seine Wachstumsphase wahrscheinlich bereits hinter sich hat und jetzt ein großes, stabiles Unternehmen ist.

Ein Unternehmen wie Coca-Cola zum Beispiel wird nicht jedes Jahr um 10-12 % wachsen. Das ist so gut wie unmöglich, denn ihre Produkte werden bereits in so ziemlich jedem Land der Welt verkauft. Stabilität und geringfügiges Wachstum sind viel wahrscheinlicher als exponentielles Wachstum. Solange niemand den Mars oder den Mond kolonisiert, wird Coca-Cola nicht sehr stark wachsen.

Vergleichen Sie dies mit einem Unternehmen wie Amazon oder sogar Tesla. Diese Unternehmen befinden sich noch im Wachstum und haben noch mehr Märkte zu erobern und neue Geschäftsfelder zu erschließen. Sie werden alles Geld brauchen, das sie in die Finger bekommen. Daher werden ihre Aktienkurse wahrscheinlich steigen, aber sie werden keine Dividenden ausschütten.

Für Sie als Anleger hat das erhebliche Konsequenzen. Sie haben die Wahl zwischen Cashflow und Stabilität oder schnellem Wachstum und Instabilität. Denken Sie daran, dass eine Aktie, die das Potenzial hat, massiv zu steigen, auch genauso schnell fallen kann. Wenn Sie in Dividenden investieren, entscheiden Sie sich im Grunde für den Spatz in der Hand und nicht für die Taube auf dem Dach. Manche Anleger bevorzugen es, Risiken einzugehen, und dieser Ansatz könnte ihnen nicht zusagen.

Ein weiterer Nachteil von Dividendeninvestitionen ist, dass Sie Steuern zahlen müssen. Dividenden werden als normales Einkommen besteuert, d. h. Sie zahlen Steuern auf die erhaltenen Ausschüttungen, unabhängig davon, ob Sie die Erlöse wieder anlegen oder nicht. Im Gegensatz dazu fallen Kapitalertragssteuern nur an, wenn Sie eine Aktie verkaufen.

Wenn Sie eine Aktie für immer halten, zahlen Sie nie Kapitalertragssteuern und können sie an Ihre Erben weitergeben. Sie können eine Dividendenaktie auf diese Weise halten, aber Sie müssen ständig Steuern auf die Dividenden selbst zahlen.

Und schließlich sind Dividenden zwar eine großartige Quelle für passives Einkommen, aber es dauert eine Weile, bis sie Ihre Lebenshaltungskosten decken können. Sie werden damit nicht sofort finanzielle Freiheit erreichen. Allerdings sind sie insofern völlig passiv, als Sie nichts weiter tun müssen, um sie zu verdienen, als Ihre Aktienposition zu halten. Wie immer gibt es einen Kompromiss, den Sie berücksichtigen müssen.

Missverständnisse

Um dieses Kapitel über die Grundlagen von Dividenden abzurunden, wollen wir einen Blick auf einige der Irrtümer werfen, die sich um Dividendeninvestitionen ranken. Der größte Irrglaube ist, dass die Dividendenrendite das Wichtigste ist. Die Rendite eines Dividendenpapiers wird berechnet, indem die Dividendenzahlung durch den Kurs des Papiers geteilt wird.

Wenn eine Aktie beispielsweise für 10 $ verkauft wird und 1 $ pro Aktie zahlt, beträgt ihre Rendite (1/10) 10 %. Anleger sehen sich hohe Renditen an und denken sofort, dass sie viel Geld verdienen können. Es gibt jedoch einige Dinge zu beachten. Erstens: Eine hochverzinsliche Dividendenaktie wird keine Kapitalgewinne abwerfen.

Die AT&T-Aktie ist dank ihrer konstanten Rendite von 9-10 % bei den Hochzinsanlegern sehr beliebt. Schauen Sie sich jedoch den Aktienchart an, und Sie werden feststellen, dass sich der Kurs überhaupt nicht viel bewegt hat. Die Anleger können bestenfalls auf einen Kapitalerhalt hoffen. Der einzige Vorteil einer AT&T-Aktie besteht darin, dass sie eine hohe Rendite abwirft. Wenn Sie bereits im Ruhestand sind, ist dies eine ausgezeichnete Investition. Wenn Sie jedoch jünger sind und noch etwas Zeit haben, Ihr Geld zu vermehren, ist es nicht sinnvoll, diese Aktie zu halten (Desjardins, 2018).

AT&T ist ein Beispiel für eine hochwertige hochverzinsliche Aktie, aber die Wahrheit ist, dass die meisten hochverzinslichen Aktien schreckliche Investitionen sind. Sie landen in der Regel auf Listen mit hoher Dividendenrendite, weil ihre Rendite sowohl von der Dividendenzahlung als auch vom Kurs beeinflusst wird. Wenn der Kurs der Aktie fällt, steigt die Rendite.

Fällt der Kurs rapide, steigt die Rendite natürlich sprunghaft an. Nehmen wir an, eine Aktie wurde im Vorjahr für 100 $ verkauft und zahlte 1 $ als Dividende. Ihre Rendite beträgt ein Prozent. Wenn sich die Geschäftslage dieses Unternehmens verschlechtert, wird der Aktienkurs einbrechen. Sagen wir, er fällt auf 10 $, was eine Katastrophe wäre.

Da das Unternehmen in diesem Jahr jedoch noch keine Dividende ausgeschüttet hat, werden bei der Berechnung der Rendite die Dividendenausschüttung des Vorjahres und der Aktienkurs des laufenden Jahres zugrunde gelegt. Die Rendite wird also 10 % betragen. Beachten Sie, dass dies keine reale Zahl ist, sondern nur auf dem Papier steht. Das Unternehmen macht Verluste, und wenn es sich die Dividendenzahlung nicht leisten kann, wird es die Dividende kürzen und die Rendite auf das vorherige Niveau zurückführen. Viele neue Anleger lassen sich von hohen Renditen verführen und verlieren am Ende eine Menge Geld.

Eine weitere Falle, vor der man sich in Acht nehmen sollte, ist ein gelangweiltes oder desinteressiertes Management, das die Dividende nutzt, um eine Aura der Sicherheit zu vermitteln. Diese Masche funktioniert folgendermaßen. Dividendenaktien haben den Ruf, sicher zu sein. Das ist jedoch nicht immer der Fall, denn ein Nullrisiko gibt es nicht.

Die Manager einiger Unternehmen sind Mehrheitseigentümer des Unternehmens und nutzen den Aktienmarkt lediglich, um ihr Vermögen aufzubessern. Sie wecken das Interesse an einer Aktie, indem sie den Anlegern hohe Dividenden versprechen. Letztendlich bleibt der Aktienkurs unverändert, und die Anleger erhalten die Dividende als Trostpreis.

Langfristig übertrumpfen Kapitalgewinne immer die Dividendenrendite. Wenn Sie einen langen Zeithorizont haben, sollten Sie versuchen, ein Gleichgewicht zwischen Dividenden und Kapitalgewinnen zu halten. Aus diesem Grund sind dividendenstarke Wachstumswerte wie Apple und Microsoft so attraktiv, da sie das Beste aus beiden Welten bieten.

Kurz gesagt, Dividendenaktien sind großartig, aber betrachten Sie sie nicht als eine Art Garantie. So etwas gibt es auf dem Markt nicht. Am besten ist es, sie unter dem Aspekt des Risikos und der Erfolgschancen zu betrachten. Im Vergleich zu anderen Anlagestrategien sind die Erfolgschancen bei der Anlage in Dividendenaktien höher als bei anderen. Deshalb ist es sinnvoll, in sie zu investieren.

Segment 2: Navigieren durch die Landschaft der Dividendenaktien

Da Sie nun wissen, was Dividenden sind, stellt sich natürlich die Frage, wie Sie sich ein Stück vom Kuchen sichern können. Die beste Möglichkeit, in Dividenden zu investieren, besteht darin, ein Instrument zu kaufen, das Dividenden ausschüttet. Das heißt, Sie können entweder in eine Aktie oder in einen Fonds investieren. Die Anlage in dividendenstarke Aktien ist riskanter als die Anlage in einen Fonds.

Zum einen ist die Investition in eine Aktie dem Kauf eines Unternehmens sehr ähnlich. Stellen Sie sich vor, Ihr Freund betreibt einen Lebensmittelladen und bittet Sie um eine Investition. Sie kennen diese Person gut, aber unabhängig davon, wie tief Ihre Freundschaft ist, werden Sie ihre Geschäftsaussichten beurteilen wollen. Sie werden sich auch fragen, ob Sie sich in der Lebensmittelbranche auskennen.

Wenn es um die Investition in Aktien geht, stellen sich die Menschen diese Frage jedoch oft nicht. Stattdessen sehen sie ein Kasino, in dem Börsenticker die Chips und Kauf-/Verkaufsaufträge die Einsätze ersetzen. Die Ergebnisse sind ebenfalls kasinoähnlich: Einige Leute gewinnen viel, was dazu führt, dass die Masse denkt, sie könne auch viel gewinnen. Das Ergebnis ist jedoch, dass sie am Ende Geld verlieren. Bevor wir uns damit befassen, wie Sie Aktien für Investitionen analysieren können, ist es wichtig, dass Sie herausfinden, welche Art von Anleger Sie sein wollen. Daraus ergeben sich die Instrumente, in die Sie investieren möchten.

Die Investition in Aktien ist äußerst lukrativ und hat das größte Gewinnpotenzial. Der Nachteil ist, dass es eine schwierige Kunst ist, sie zu beherrschen, und die meisten Menschen haben damit keinen Erfolg. Sie müssen die Aktien, in die Sie investieren wollen, aktiv verfolgen und herausfinden, wie Sie diese Unternehmen bewerten können. Das bedeutet, dass Sie Jahresberichte lesen und eine Menge Nachforschungen über die Unternehmen anstellen müssen. Sie müssen nicht den ganzen Tag vor einem Handelsbildschirm sitzen. Da Sie aber im Grunde ein Unternehmen leiten, müssen Sie über alles, was in dem Unternehmen vor sich geht, auf dem Laufenden bleiben.

Vor allem müssen Sie sich in den Bereichen Buchhaltung und Geschäftsprinzipien weiterbilden. Das erfordert Zeit und viel Engagement. Die meisten Menschen haben einen Vollzeitjob, und es ist fraglich, ob sie tagsüber Zeit haben, Unternehmen wie dieses zu bewerten. Unmöglich ist es aber keineswegs. Ich will damit sagen, dass es viel harte Arbeit erfordert, und Sie sollten sich nicht von Leuten in die Irre führen lassen, die behaupten, dass sie Ihnen Abkürzungen oder magische Kennzahlen und solche Dinge zeigen können.

Passives Investieren über Fonds ist für die meisten Menschen weitaus zugänglicher. Der Nachteil ist jedoch, dass Ihr Gewinn in etwa dem

Marktdurchschnitt entsprechen wird. Deshalb müssen Sie über einen langen Zeitraum investiert bleiben und der Zinseszinseffekt muss seine Wirkung entfalten, und deshalb werden Sie nicht über Nacht reich. Auf der anderen Seite können Sie Ihre Investitionen auf Autopilot stellen und vergessen.

Der Fondsmanager kümmert sich um alles, und Sie müssen lediglich jedes Jahr einen kleinen Betrag als Verwaltungsgebühr zahlen. Das ist der Preis, den Sie für die Passivität Ihrer Anlagen zahlen. Nachdem wir all dies gesagt haben, wollen wir uns nun die Instrumente ansehen, in die Sie investieren können.

Drei Möglichkeiten, in Dividendenaktien zu investieren

Sie können Dividenden erwirtschaften, indem Sie in Instrumente investieren, die Ihnen regelmäßig Zahlungen leisten. Jedes Instrument ist anders, und die Häufigkeit der Zahlungen variiert. Einige zahlen wöchentlich, andere monatlich, wieder andere vierteljährlich usw. Es ist wichtig zu wissen, dass ein Instrument, das häufiger Dividenden ausschüttet, nicht unbedingt besser ist als ein Instrument, das über einen längeren Zeitraum hinweg Dividenden ausschüttet.

Manche Anleger streben aufgrund des psychologischen Effekts nach häufigeren Dividendenzahlungen. Dies ist jedoch ähnlich wie die Jagd nach Renditen. Es hat nichts zu bedeuten, und die Renditen werden durch die Häufigkeit nicht beeinflusst.

Einzigartige Aktien

Aktien, die Dividenden ausschütten, gibt es in Hülle und Fülle. Wie Sie bereits gelernt haben, sind die meisten Aktien, die Dividenden zahlen, stabile Unternehmen. Es ist jedoch möglich, auf einige schlechte Unternehmen zu stoßen, die Dividenden als Köder benutzen, um leichtgläubige Anleger in die Falle zu locken. Letztendlich müssen Sie die Qualität des Unternehmens, das hinter einer Aktie steht, beurteilen, bevor Sie in sie investieren.

Am besten ist es, die Dividendenzahlung als Prüfkriterium zu verwenden und sich dann eingehender mit dem Geschäft eines Unternehmens zu befassen. Suchen Sie z. B. nach Unternehmen, die Dividenden zahlen, und sehen Sie sich dann deren Finanzberichte genauer an. Im Großen und Ganzen werden Sie feststellen, dass große Unternehmen, die so genannten Blue-Chip-Aktien, regelmäßig Dividenden zahlen. Diese Unternehmen haben Namen, die Sie wahrscheinlich kennen, wie Coca-Cola, AT&T usw. (Edwards, 2021).

Einige dieser Unternehmen, wie z. B. Kimberley-Clark und Altria, sind vielleicht nicht leicht zu erkennen. Ihre Markennamen, Scott Rolls bzw. Marlboro, werden jedoch bekannt sein. Blue Chips gelten im Allgemeinen als sichere Anlagen, aber das bedeutet nicht, dass sie immer eine sichere Sache sind; Boeing zum Beispiel ist eine Blue-Chip-Aktie, die sich in ernsthaften Turbulenzen befindet.

Diese Unternehmen können gleichzeitig schwierig und einfach zu analysieren sein. Ein Unternehmen wie ExxonMobil zum Beispiel ist eines der größten der Welt, und es besteht kein Zweifel an seiner Stärke, schwierige Geschäftsbedingungen zu überstehen. Angesichts der Größe und des Umfangs der Geschäftstätigkeit ist es jedoch nahezu unmöglich, das Geschäft des Unternehmens zu analysieren, wenn man nicht über enge Verbindungen zum Management verfügt.

Daher werden viele Investitionen in Blue Chips auf der Grundlage der Stärke des Markennamens des Unternehmens getätigt. Ich behaupte nicht, dass dies falsch ist. Schließlich hat das Unternehmen eine Menge Ressourcen in den Aufbau seiner Marke investiert, und es gibt gute Gründe, auf diese Weise zu investieren. Man muss jedoch auf der Hut sein und sich regelmäßig vergewissern, dass sich die Bedingungen nicht gegen das Unternehmen wenden.

Exxon ist dafür ein gutes Beispiel. Die Welt wendet sich eindeutig von fossilen Brennstoffen ab, so dass man meinen könnte, dieses Unternehmen sei dem Untergang geweiht. Allerdings haben alternative Energiequellen die erdölbasierten noch nicht annähernd ersetzen können, und es gibt keinen definitiven Zeitplan, wann dies der Fall sein könnte. Wer sagt denn, dass Exxon nicht doch noch das Ruder herumreißen und in Solar- oder Windenergieanlagen investieren kann? Sie würden ihre Konkurrenten so gut wie auslöschen, wenn sie ihr beträchtliches Vermögen in dieser Richtung einsetzen würden.

Wie Sie sehen, gibt es viel zu raten, weshalb es manchmal einfacher ist, sich an kleinere Unternehmen zu halten. Kleinere Unternehmen zahlen jedoch in der Regel keine Dividende. An dieser Stelle kommt die Investition in Unternehmen mit Dividendenwachstum ins Spiel.

Einige dieser Unternehmen haben gerade das Stadium erreicht, in dem sie komplex werden, aber immer noch leicht zu analysieren sind. So kann ein Anfänger herausfinden, worum es bei dem Unternehmen geht, und mit ihm wachsen, anstatt das fertige Produkt zu betrachten und zu versuchen, komplexe Geschäftseinheiten zu zerlegen. Diese Unternehmen zu finden, ist schwierig, aber nicht unmöglich. Es ist eine Frage von Zeit und Mühe.

Aktien bewegen sich in der Regel im Gleichschritt mit dem übrigen Markt. Das heißt, wenn der Markt steigt, steigen sie auch. Wenn der Markt einen Abschwung erlebt, wird auch die Aktie fallen, unabhängig davon, wie gut oder schlecht das Unternehmen ist. Als langfristiger Investor ist es Ihre Aufgabe, herauszufinden, was das Unternehmen wert ist, und einen Preis zu zahlen, der nahe an diesem Wert liegt.

Aktienkurse und der relative Wert des Unternehmens sind zwei verschiedene Dinge. Selbst im täglichen Leben gibt es solche Beispiele. Nehmen wir an, Sie gehen in einen Lebensmittelladen und kaufen eine Flasche Wasser. Sie zahlen fünf Dollar dafür (oder 20 Dollar, wenn Sie sich für das mit Früchten angereicherte intelligente Elektrolyt-Quellwasser mit AI-Hydrationschips entscheiden). Sie haben es nicht eilig, Wasser zu kaufen und sind nicht durstig. Fünf Dollar entsprechen vielleicht nicht Ihrem Eindruck davon, was Ihnen das Wasser wert ist, also verzichten Sie vielleicht.

Wenn Sie jedoch durstig sind und wirklich einen Schluck Wasser brauchen, werden Sie nicht zögern, diesen Betrag zu bezahlen. Vielleicht würden Sie sogar mehr bezahlen, wenn es einen solchen Mechanismus gäbe. In der realen Welt können die Geschäfte ihre Preise nicht auf der Grundlage von Angebot und Nachfrage ändern, ohne gegen die Vorschriften zu verstoßen.

Auf dem Aktienmarkt geschieht dies jedoch ständig. Dabei ist es nicht das Unternehmen, das die Preise der Aktien ändert. Vielmehr tun dies andere Anleger und kurzfristige Händler, die sich dabei von ihrer Einschätzung von Angebot und Nachfrage leiten lassen. Manchmal erhalten Sie einen Preis, der unter dem Wert liegt, und manchmal erhalten Sie einen Preis, der weit darüber liegt.

Ihre Aufgabe ist es, herauszufinden, welcher Preis ein guter Einstiegskurs für die Aktie ist. Wenn er zu hoch ist, können Sie ablehnen und aussteigen. Der Markt wird immer da sein, also tappen Sie nicht in die Falle zu denken, dass Sie etwas verpassen werden. Seien Sie geduldig und halten Sie sich an die Bewertungsgrundsätze, die ich Ihnen im nächsten Kapitel vorstellen werde.

Dividendenorientierte Kollektivanlagen

Nicht jeder kann erfolgreich Aktien auswählen. Deshalb bietet der Markt Investmentfonds und börsengehandelte Fonds (ETFs) an. Wenn Sie in dividendenorientierte Investmentfonds oder ETFs investieren, können Sie Ihr Portfolio mit einer einzigen Transaktion sofort diversifizieren. Investmentfonds sind ein beliebtes Anlageinstrument, aber sie sind sehr vielfältig. Innerhalb der Welt der Investmentfonds gibt es zwei Unterkategorien von Fonds: Aktive und passiv verwaltete Fonds.

Der erste Fondstyp wird als aktiv verwalteter Fonds bezeichnet, während der zweite als passiv verwalteter Fonds bezeichnet wird. Aktiv gemanagte Fonds zielen darauf ab, den Marktdurchschnitt zu schlagen. Ihre Benchmark ist in der Regel der S&P 500, der breite Marktindex in Amerika. Dieser Index gibt den Anlegern eine Momentaufnahme der Gesamtmarktentwicklung.

Den meisten Investmentfonds gelingt es nicht, diese Benchmark zu übertreffen, da es schwierig ist, erfolgreiche Aktien auszuwählen. Als ob es nicht schon schwer genug wäre, gute Unternehmen auszuwählen, müssen die Fondsmanager auch noch mit einer Reihe von Beschränkungen fertig werden, die es fast unmöglich machen, Geld für ihre Kunden zu verdienen. Jeder Fondsmanager hat ein Mandat, d. h. ein Dokument, in dem die Anlageparameter festgelegt sind, nach denen er arbeitet.

So ist es beispielsweise nicht ungewöhnlich, dass Fondsmanager ein Mandat erhalten, das sie auf europäische Small-Cap-Aktien aus dem Gesundheitsbereich beschränkt. Eine weitere Bedingung ist, dass nicht mehr als 10 % des Fonds in eine einzige Aktie investiert werden dürfen, oder dass der Fondsmanager nicht in Unternehmen investieren darf, die nicht bereits institutionell vertreten sind.

Diese Regeln schränken die Welt der verfügbaren Aktien erheblich ein. Der Fondsmanager kann nicht einfach AstraZeneca oder eine andere große Aktie aus dem europäischen Gesundheitssektor kaufen, weil dieses Unternehmen nicht zu den Small Caps gehört. Als Small Cap werden Unternehmen bezeichnet, die mehr als 300 Millionen Dollar und höchstens 2 Milliarden Dollar wert sind. Das bedeutet auch, dass sie Pfizer nicht kaufen können, da es sich sowohl um ein amerikanisches (nicht europäisches) Unternehmen als auch um ein Large-Cap-Unternehmen (mit einer Größe von mehr als 10 Milliarden Dollar) handelt.

Fondsmanager, denen es gelingt, Geld zu verdienen, vollbringen also eine wahre Heldentat. Für den Kleinanleger ist dies jedoch umsonst, denn diese Renditen sind für ein kleines Portfolio nicht von Nutzen. Sie fragen sich vielleicht, warum es diese Beschränkungen gibt?

Nun, kurz gesagt, es gibt sie, um anderen Finanzinstituten zu gefallen. Pensionsfonds und Verwalter, wie CALPERS, investieren Milliarden von Dollar in verschiedene Anlageklassen. Bei der Anlage dieser Summen, bei denen es sich im Wesentlichen um die Ruhestandsgelder der Bürger handelt, müssen sie sicherstellen, dass alles mit rechten Dingen zugeht. Deshalb verteilen sie ein wenig Geld auf verschiedene Anlageklassen, um ein konservatives, aber dennoch anständig wachsendes Portfolio zu erhalten.

Am einfachsten lässt sich dieses Ziel erreichen, wenn man sein Geld bei einem Finanzinstitut anlegt, das über eine Reihe von Fonds mit unterschiedlichen Mandaten verfügt. Pensionsfonds A wendet sich an eine Institution wie J.P. Morgan und bittet sie, 10 Milliarden Dollar auf verschiedene Anlageklassen zu verteilen. Infolgedessen erhält unser europäischer Small-Cap-Gesundheitsmanager 20 Millionen Dollar, die er gemäß seinem Mandat verwalten muss.

Kleinanleger haben bei diesem Geschäft das Nachsehen. Es gibt zwar breit angelegte Aktienfonds, aber diese Fonds verlangen hohe Gebühren. In der Regel zahlen Sie jedes Jahr etwa ein bis zwei Prozent Ihres investierten Geldes als Gebühren. Diese Gebühren werden unabhängig davon gezahlt, ob Sie Geld verdienen oder verlieren. Langfristig gesehen ist das eine große Hürde.

Als Reaktion auf diese Ineffizienzen hat das renommierte Finanzinstitut Vanguard einen so genannten passiven Investmentfonds entwickelt, der die zweite Kategorie von Investmentfonds darstellt. Anstatt die Fondsmanager Aktien auswählen zu lassen, um den Markt zu schlagen, kauften die passiven Fondsmanager von Vanguard einfach alle Aktien, die in einem breiten Marktindex wie dem S&P 500 enthalten waren.

Denn wenn der Gesamtmarkt auf lange Sicht steigt, wird auch der Fonds steigen. Diese Logik hat sich als richtig erwiesen, und heute sind diese passiv verwalteten Indexfonds die beste Wahl für Kleinanleger. Sie verlangen auch keine hohen Gebühren, da ein Fondsmanager keine Aktien auswählt, sondern lediglich das Schiff steuert.

In der Regel erhebt ein passiv verwalteter Indexfonds weniger als 0,1 % des investierten Kapitals als Gebühren. Der durchschnittliche Vanguard-Fonds erhebt zum Beispiel 0,06 %. Indexfonds sind also eine gute Wahl, wenn Sie eine passive Anlageform schaffen wollen.

Trotz ihrer Vorteile haben Investmentfonds (auch Indexfonds sind Investmentfonds) ein paar Tücken. Ihre Kurse schwanken nicht während des Börsentages, sondern sie werden am Ende der vorangegangenen Börsensitzung festgelegt und bleiben bis zum Ende des Börsentages unverändert. Danach wird ein neuer Kurs für den folgenden Tag festgelegt.

Nehmen wir an, ein Investmentfonds hat zwei Aktien, die beide für 10 $ und 15 $ verkauft werden. Der Portfoliowert beträgt 25 $ pro Anteil. Nehmen wir nun an, dass die 15-Dollar-Aktie auf 20 Dollar steigt. Der Portfoliowert während der Börsensitzung beträgt nun 30 $, aber der Fonds wird immer noch für 25 $ verkauft. In diesem Szenario erhalten die Anleger mehr für ihr Geld.

Was aber, wenn die Kurse sinken? In diesem Fall zahlen die Anleger von Investmentfonds viel mehr, als das Portfolio wert ist. Um dieses Problem zu lösen, wurden ETFs eingeführt. ETFs sind genau dasselbe wie Investmentfonds, mit dem Unterschied, dass ihre Preise während des Marktgeschehens schwanken und den Wert des zugrunde liegenden Portfolios nachbilden. Auf diese Weise ist es wahrscheinlicher, dass die Anleger faire Preise erhalten. Wie bei Investmentfonds gibt es aktiv und passiv verwaltete ETFs. Die passiv verwalteten ETF erheben niedrigere Gebühren und haben im Gegensatz zu Indexfonds keinen Mindestanlagebetrag, so dass sie für den Durchschnittsanleger sehr leicht zugänglich sind.

Wie man einsteigt

Sie können Dividendenaktien oder ETFs über einen Broker kaufen. Broker sind ein fester Bestandteil der Finanzmärkte, und um Zugang zu den Instrumenten zu erhalten, die Sie gerade kennengelernt haben, müssen Sie sich an einen Broker wenden. Früher verlangten die Broker für den Handel eine Provision, aber heutzutage hat der Aufstieg der Null-Prozent-Broker dafür gesorgt, dass die Gebühren undurchsichtiger geworden sind.

Es ist wichtig, dass Sie sich darüber im Klaren sind, dass es so etwas wie eine Null-Provision nicht gibt und dass Sie auf die eine oder andere Weise zahlen werden. Makler, die keine Gebühren erheben, verdienen Geld, indem sie Ihre Auftragsdaten an Hedgefonds verkaufen und dafür Geld erhalten. So verdienen Makler wie Robinhood ihr Geld. Es ist nicht gerade ein Geheimnis, sie geben es freiwillig preis (Kennon, 2021). Auch wenn die Ethik solcher Aktionen zweifelhaft ist, sind sie im Moment noch legal.

Eine andere Sache, die Sie verstehen müssen, ist, dass Ihr Broker nicht Ihr Freund ist. Ganz gleich, wie sehr er behauptet, für den kleinen Mann da zu sein oder sich leidenschaftlich für gleiche Wettbewerbsbedingungen einzusetzen - all das ist nur Marketing. Ihr Makler ist dazu da, an Ihnen Geld zu verdienen. Das war schon immer so und wird auch immer so bleiben.

Makler werden in Amerika von der Finanzaufsichtsbehörde FINRA reguliert, die die Lizenzierung und andere Anforderungen überwacht. Viele Kleinanleger denken, dass Makler darauf aus sind, ihr Geld zu stehlen, aber das ist nicht der Fall. Die Strafen der FINRA sind ziemlich hart, und der Verlust des guten Rufs ist es nicht wert. Makler sind vielleicht nicht Ihre besten Freunde, aber sie sind auch nicht darauf aus, Ihr Geld zu stehlen.

Machen Sie sich klar, dass Ihr Makler nicht dazu da ist, Sie finanziell zu beraten. Sie sind für alle Finanz- und Investitionsentscheidungen, die Sie treffen, selbst verantwortlich, also recherchieren Sie immer gründlich, in was Sie Ihr Geld stecken. Ein Broker verdient Geld, indem er Sie zum Handeln anregt. Auf diese Weise werden sie bezahlt, und deshalb schickt Ihnen jeder Broker Handelsideen und andere verlockende Aktien, in die Sie Ihr Geld investieren sollen.

Fallen Sie nicht auf diese Fallen herein. Beim Investieren geht es darum, Ihr Geld so lange wie möglich an einem Ort zu halten. Ihr Broker wird Sie dazu bringen, von einer Aktienidee zur nächsten zu springen, als ob das in Mode wäre. Sie werden Ihnen jedoch nicht sagen, dass Ihre Handelsaktivitäten für sie mit Provisionen und Gebühren verbunden sind. Tun Sie ihnen also keinen Gefallen, indem Sie in den Markt hinein- und wieder herausspringen.

Spreads

Eines der Dinge, die neue Anleger überraschen, ist die Existenz einer Preisspanne. Wenn Sie im Fernsehen oder auf Twitter Preise sehen, wird Ihnen oft nur ein Preis genannt. Zum Beispiel wird gesagt, dass AMZN bei 3.500 $ gehandelt wird. Das könnte Sie zu der Annahme verleiten, dass Sie AMZN zu diesem Preis kaufen und verkaufen können.

Der Markt funktioniert jedoch auf der Grundlage einer Preisspanne. Es gibt einen Preis, den Sie zahlen, wenn Sie kaufen, und einen anderen, den Sie erhalten, wenn Sie verkaufen. Der erste Preis wird als Briefkurs, der zweite als Geldkurs bezeichnet. Die Differenz zwischen beiden ist die Preisspanne.

Die Preisspanne ist für Anleger nicht von großer Bedeutung, da Sie nicht in den Markt ein- und aussteigen werden. Für kurzfristige Händler sind sie jedoch von großer Bedeutung, da sie zu unterschiedlichen Preisen kaufen und verkaufen müssen und nicht vorhaben, sich sehr lange zu halten.

Sie sollten den Spread immer im Auge behalten, da er Ihnen einen Hinweis auf die Liquidität und Volatilität des Marktes gibt. Die Liquidität ist ein Maß dafür, wie leicht ein bestimmtes Instrument zu handeln ist. Wenn es viele Käufer und Verkäufer auf dem Markt gibt, kann eine beliebige Anzahl von Anteilen eines Instruments gekauft und verkauft werden. Dies macht das Instrument liquide.

Die Volatilität ist ein Maß für die Kraft, mit der sich die Preise bewegen. Je schneller sich die Preise in eine Richtung bewegen, sei es nach oben, nach unten oder in beide Richtungen, desto höher ist die Volatilität. Liquidität und Volatilität sind oft miteinander verbunden, da eine niedrige Liquidität oft zu einer hohen Volatilität führt. Die Preisspanne weitet sich aus, um dies widerzuspiegeln, und als Anleger erhalten Sie schlechtere Preise auf dem Markt.

Vermeiden Sie es so weit wie möglich, bei hohen Spreads einzusteigen. Bevor Sie eine Position eingehen, sollten Sie den Markt ein paar Tage lang beobachten, um sich ein Bild von den Preisspannen zu machen. Auf diese Weise wissen Sie, wann die Spreads groß sind und können sich von diesen Märkten fernhalten.

Etwas anderes, das neue Anleger überrascht, ist die Existenz verschiedener Auftragsarten. Ist es nicht einfach, einen Auftrag zu erteilen, indem man auf Kaufen oder Verkaufen klickt? Nun, genau das ist ein Marktauftrag. Wenn Sie einen Marktauftrag erteilen, erhalten Sie den Preis, der auf dem Markt vorherrscht. Wenn der Markt extrem volatil und illiquide ist, werden Sie schlechte Preise erhalten.

Um dies abzumildern, bieten Broker die Möglichkeit, einen Limit-Auftrag zu erteilen. Diese Aufträge haben einen Auslösepreis, der als Schwelle dient. Wenn Sie ein Instrument kaufen, wird Ihr Broker es zu Preisen kaufen, die gleich oder niedriger als der Auslösepreis sind. Wenn Sie verkaufen, verkauft Ihr Broker so viele Aktien wie möglich zu Preisen, die über dem Limitpreis liegen.

Der Haken dabei ist jedoch, dass Sie nicht garantiert alle gewünschten Aktien erhalten. Wenn Sie 100 Aktien kaufen wollten, Ihr Makler aber nur 50 Aktien finden konnte, die dem Limit entsprechen, ist das alles, was Sie erhalten werden. Das ist ein Problem, wenn Sie versuchen, Ihre Position zu schließen.

Um dieser Situation zu begegnen, gibt es den Typ Stop-Order. Diese Aufträge haben ebenfalls einen Auslösungspreis, aber Ihr Broker wird sich darauf konzentrieren, die gesamte Auftragsmenge auszuführen, sobald der Auslösungspreis überschritten wird, unabhängig davon, wie hoch der Marktpreis derzeit ist. Im Allgemeinen reicht es aus, wenn Sie nur Marktaufträge erteilen.

Limits, Stops und andere Auftragsarten sind für kurzfristige Händler wichtig, da sie extrem preisempfindlich sind.

Eine weitere wichtige Kennzahl ist Beta, ein Wert, der angibt, wie stark sich eine Aktie im Vergleich zum Markt bewegt. Bei der Anlage in Dividendenaktien sollte man auf Stabilität achten und daher Aktien mit einem niedrigen Beta-Wert wählen. Wenn der Beta-Wert einer Aktie größer als eins ist, ist sie volatiler als der Markt.

Konten

Wenn Sie zum ersten Mal ein Konto bei einem Broker eröffnen, haben Sie die Wahl zwischen einem Margin- oder einem Cash-Konto. Für die Umsetzung der Dividendenstrategie benötigen Sie lediglich ein Barkonto. Dies ist das Standardkonto, das Ihnen Ihr Broker zur Verfügung stellt. Bei den meisten Brokern gibt es keine Mindestanlagebeträge für die Eröffnung eines Barkontos.

Bei Brokern wie Robinhood und E-Trade können Sie diese Konten bereits mit 100 US-Dollar eröffnen, aber das bedeutet nicht, dass Sie so wenig wie möglich investieren sollten. Wählen Sie einfach einen Broker, der keine Mindestanforderungen an das Konto stellt. Größere Broker, die Finanzsupermärkte sind, haben in der Regel hohe Mindestbeträge für Konten. Bei diesen Brokern haben Sie keinen Vorteil, also machen Sie sich keine Sorgen, etwas zu verpassen.

Mit einem Margin-Konto können Sie Geld und Aktien leihen, um zu investieren. Da Sie diese Möglichkeit nicht benötigen, gehe ich nicht auf die Arten von Margin-Konten ein. Bevor Sie sich für einen Broker entscheiden, sollten Sie dessen Kundenservice prüfen und Bewertungen lesen. Halten Sie sich von Brokern fern, die das Investmenterlebnis spielerisch gestalten. Diese Broker stellen den Markt wie ein Kasino dar und drängen Sie zum Glücksspiel.

Sie brauchen keinen App-Zugang oder mobile Charts, um gut zu investieren. In der Tat müssen Sie wahrscheinlich nie einen Blick auf ein Kursdiagramm werfen. Entscheiden Sie sich für einen einfachen Broker, und machen Sie sich keine Gedanken über Dinge wie den Zugang zu Optionen, den Zugang zu vorbörslichen Aktien oder die Möglichkeit, Bruchteile von Aktien zu kaufen. Sie brauchen nichts von alledem, um viel Geld zu verdienen.

Vorbereitung Ihres Investitionsplans

Bevor Sie mit dem Investieren beginnen, sollten Sie einen Plan erstellen, der für Sie sinnvoll ist. Was sind Ihre Anlageziele? Wenn Sie versuchen, eine Dividenden-Investitionsstrategie umzusetzen, dann ist Ihr Ziel, genügend passives Einkommen zu erwirtschaften, um Ihre Lebenshaltungskosten im Ruhestand zu decken. Je nachdem, wie viele Jahre Ihnen bis zur Pensionierung noch bleiben, werden Sie feststellen, dass Ihre Dividenden entweder alle oder einen Teil Ihrer Ausgaben decken werden.

Zu Beginn sollten Sie herausfinden, wie viel Sie realistischerweise pro Monat benötigen. Wenn Sie glauben, dass Sie 5.000 US-Dollar pro Monat für Ihren Lebensunterhalt benötigen, aber erst in fünf Jahren in den Ruhestand gehen werden, ist eine Dividendenanlage für Sie nicht geeignet. Es braucht Zeit, und Sie brauchen mindestens 15-20 Jahre, um optimale Ergebnisse zu erzielen. Idealerweise fangen Sie so schnell wie möglich damit an.

Als nächstes benötigen Sie einen Zinseszinsrechner wie den Investor.gov Compound Interest Calculator. Sobald Sie diesen Rechner gestartet haben, berechnen Sie, wie viel Sie jeden Monat auf Ihr Anlagekonto einzahlen können. Nehmen wir an, Sie können in den nächsten 25 Jahren jeden Monat 1.000 $ beiseite legen.

Gehen wir außerdem davon aus, dass der Markt jedes Jahr mit konservativen acht Prozent wachsen wird. Wenn wir diese Zahlen in den Rechner eingeben, erhalten wir einen Gesamtwert des Portfolios von 877.271,28 $. Nun wollen wir herausfinden, ob die Umschichtung dieses Pauschalbetrags in ein höher rentierliches Dividendeninstrument ausreicht, um nach der Pensionierung davon zu leben.

Auch hier gehen wir konservativ davon aus, dass Sie mit diesem Betrag fünf Prozent Rendite erzielen können. Das bedeutet, dass Sie (0,05* 877.271,28) oder 43.863 $ pro Jahr erhalten werden. Das sind 3.655 Dollar pro Monat. Das ist für die meisten Menschen eine ziemlich gute Zahl. Damit können Sie wahrscheinlich nicht alle Ihre Lebenshaltungskosten decken, aber wenn man bedenkt, dass Sie bei Null anfangen, ist es ein ziemlich gutes Geschäft, diesen Betrag in 25 Jahren jeden Monat für den Rest Ihres Lebens zu erhalten.

Sie können diesen monatlichen Betrag erhöhen, wenn Sie länger investiert bleiben. Was wäre, wenn Ihr Zeithorizont nicht 25, sondern 30 Jahre betragen würde? In diesem Fall hätten Sie am Ende der Laufzeit 1.359.358 $. Bei einer angenommenen Rendite von fünf Prozent auf diesen Pauschalbetrag würden Sie monatlich 5.663 Dollar erhalten. Sie sehen, was für einen großen Unterschied fünf weitere Jahre ausmachen.

Bei diesen Berechnungen wird davon ausgegangen, dass Sie Ihr ganzes Leben lang in dividendenstarke Instrumente investiert bleiben. Es ist nur so, dass Sie mit den Anlagen vor dem Ruhestand auch Kapitalgewinne erzielen. Bei den Anlagen nach der Pensionierung steht die Rendite im Vordergrund, und Kapitalgewinne sind zweitrangig. Es ist sinnvoll, auch vor dem Ruhestand in Dividenden zu investieren, da der Cashflow reinvestiert werden kann, um noch mehr Gewinne zu erzielen. So bringen Sie Ihren Wohlstandsschneeball schneller ins Rollen.

Jetzt ist es an der Zeit, dass Sie Ihre eigenen Zahlen in diese Berechnungen einfließen lassen und sehen, was dabei herauskommt. Seien Sie dabei immer eher konservativ. Gehen Sie von den gleichen Annahmen aus wie ich hier, und

Sie werden ein realistisches Bild vom Ruhestand erhalten. Denken Sie daran, dass Sie Ihren Cashflow nach der Pensionierung steigern können, indem Sie mehr Geld pro Monat investieren.

Kapitaleinsatz

Eine häufige Frage, die sich die meisten Anfänger stellen, ist die, wie viel Geld sie jeden Monat investieren sollten. Die einfache Antwort lautet: so viel wie Sie haben. Die weniger einfache Antwort lautet jedoch, dass Sie so viel Geld investieren sollten, wie Sie sich leisten können, zu verlieren. Das bedeutet, dass Sie einen Notfallfonds einrichten sollten, aus dem Sie Ihre Lebenshaltungskosten bestreiten können, falls etwas Schlimmes passiert.

Sie sollten genug beiseite legen, um eine Anzahlung für ein Haus oder eine andere geplante Ausgabe zu tätigen. Wenn Sie planen, jedes Jahr in den Urlaub zu fahren, was vernünftig ist, müssen Sie jeden Monat genug Geld für eine Urlaubskasse zurücklegen. Erst wenn alle diese Ausgaben berücksichtigt sind, sollten Sie Geld an den Märkten anlegen.

Manche Anleger sind in ihren Zielen unrealistisch. Sie wollen, dass die Märkte für ihre Anzahlung, ein neues Auto oder einen neuen Mantel usw. aufkommen. Das ist ein todsicherer Weg, um Geld zu verlieren. Sie werden ungeduldig und bleiben nicht ruhig, wenn die Dinge gegen Sie laufen. Die Märkte steigen und fallen und steigen dann wieder an. Wenn Sie erfolgreich sein wollen, müssen Sie immer wieder Stürme überstehen.

Investieren Sie daher nur Geld, das Sie nicht vermissen werden. Wenn Sie die Zahlen für Ihren Ruhestandsplan durchgehen, spielen Sie mit dem monatlichen Investitionsbeitrag, den Sie leisten können, um Ihre gewünschten Ziele zu erreichen. Sie werden feststellen, dass einige dieser Zahlen für Sie unrealistisch sind.

In solchen Fällen sollten Sie versuchen, einen Teil Ihrer Lebenshaltungskosten mit passiven Einkünften zu bestreiten oder den Zeitpunkt Ihres Ruhestands zu verschieben, um die Zeit, in der Sie investiert sind, zu verlängern. Seien Sie stets konservativ, dann ist praktisch garantiert, dass Sie über genügend Cashflow verfügen, um Ihre Lebenshaltungskosten passiv zu bestreiten (Muller, 2021).

Angewohnheiten beim Investieren

Befolgen Sie diese Investitionsgewohnheiten, um die besten Dividendenaktien und -fonds auszuwählen. Sie werden Ihnen helfen, viele der Fehler zu vermeiden, die Anfänger machen.

Vertrautes Terrain nutzen

Der erste Grundsatz für eine erfolgreiche Aktienanlage lautet: Bleiben Sie bei dem, was Sie kennen. Manche Anleger nennen dies den Kreis der Kompetenz. Wie auch immer Sie es nennen wollen, achten Sie darauf, dass Sie sich immer an Unternehmen halten, die Sie vollständig verstehen, oder an Branchen, mit denen Sie sich gut auskennen.

Es ist eine gute Idee, mit Unternehmen aus Branchen zu beginnen, in denen Sie gearbeitet haben oder gerade arbeiten. Wenn Sie mehr als fünf Jahre für ein Unternehmen gearbeitet haben, kennen Sie dessen Geschäft wahrscheinlich ziemlich gut, so dass es sinnvoll ist, Ihre Investitionsanalyse mit diesem Unternehmen zu beginnen.

Dieser Ansatz steht im krassen Gegensatz zu dem der meisten Anleger, die den Aktien hinterherjagen, von denen sie glauben, dass sie am meisten steigen werden. Sie folgen den Finanzmedien, ob Mainstream oder Social Media, und springen von einer heißen Aktie zur nächsten. Kurzfristig mögen sie damit Geld verdienen, aber langfristig werden sie es mit Sicherheit verlieren.

Dieses Hin- und Herspringen erhöht Ihre Kosten und Steuern. Auf die Besteuerung werde ich in einem späteren Kapitel eingehen, aber jetzt sollten Sie sich darüber im Klaren sein, dass der kurzfristige Handel erhebliche Hürden mit sich bringt, die nur schwer zu überwinden sind. Bei dem zu bleiben, was Sie kennen, hat noch einen weiteren Vorteil: Sie können schwierige Geschäftsbedingungen besser einschätzen.

Wenn Sie langfristig investieren, werden Sie unweigerlich eine Baisse erleben, d. h. einen deutlichen Rückgang der Aktienkurse. Der Schlüssel zum Anlageerfolg liegt darin, in solchen Zeiten durchzuhalten und nicht zu verkaufen, wenn der Markt niedrig ist. Natürlich müssen Sie abwägen, ob der Kursrückgang nur vorübergehend oder dauerhaft ist, und hier kommt Ihnen das Verständnis für das Geschäft zugute.

Außerdem sind Sie so in der Lage, potenzielle Probleme zu erkennen, bevor sie auftreten. Indem Sie Ihre Chancen erhöhen, zum richtigen Zeitpunkt auszusteigen, verdienen Sie am Ende mehr Geld. Im Endeffekt sollten Sie sich an das halten, was Sie wissen. Wenn Sie das Gefühl haben, dass Sie nichts über ein Unternehmen oder überhaupt ein Unternehmen wissen, sollten Sie sich weiterbilden und in der Zwischenzeit eine passive Anlagestrategie wählen.

Autonomie bei der Analyse

Viele Menschen kaufen blindlings die von einem Guru empfohlenen Aktien und nehmen sich nicht die Zeit, diese Auswahl kritisch zu bewerten. Um ein erfolgreicher Anleger zu sein, müssen Sie unabhängig denken und Ihre eigenen Nachforschungen anstellen. Die gute Nachricht ist, dass Sie dies leicht tun können, da Recherchetools und Daten heutzutage weithin verfügbar sind.

Bilden Sie sich immer eine eigene Meinung darüber, ob eine Aktie überbewertet ist oder nicht, bevor Sie sie kaufen. Es versteht sich von selbst, dass Sie immer Aktien kaufen sollten, die unterbewertet sind. Diese Strategie, die als Sicherheitsmarge bezeichnet wird, ist eher eine Philosophie, die Sie in Ihr gesamtes Handeln einfließen lassen sollten.

Die Sicherheitsspanne ist ein allgemeiner Grundsatz, der in der Technik verwendet wird. Die Idee dahinter ist, dass die Wahrscheinlichkeiten, die bei der Konstruktion einer Maschine oder eines Bauwerks eine Rolle spielen, die Ingenieure dazu zwingen, den Wert vieler Komponenten zu schätzen.

Der einfachste Weg, Sicherheit zu gewährleisten, ist, alles zu berechnen und dann mit zwei zu multiplizieren. Auf diese Weise ist die Sicherheit des Bauwerks fast garantiert. Intuitiv versteht jeder von uns, dass wir bei allem, was wir tun, eine Sicherheitsmarge einkalkulieren. Wenn Sie für fünf Personen kochen wollen, würden Sie genügend Lebensmittel für mehr als fünf Personen einkaufen, um unvorhergesehene Ereignisse zu berücksichtigen.

Wenn Sie Ihre persönlichen Finanzen planen, nehmen Sie wahrscheinlich einen Posten "Sonstiges" auf, um Ausgaben zu berücksichtigen, die Sie nicht vorhersehen können. Beim Investieren wird die Sicherheitsmarge genutzt, indem man eine Aktie zu einem Preis kauft, der unter ihrem Wert liegt. Wenn Sie glauben, dass eine Aktie 50 $ wert ist, kaufen Sie sie zu einem Preis, der unter diesem Wert liegt. Auf diese Weise haben Sie bei einem Kursrückgang immer noch einen Puffer, um Abschwünge aufzufangen.

Wie können Sie herausfinden, was eine Aktie wert ist? Das ist der Punkt, an dem Sie sich an das halten müssen, was Sie wissen. Mit der Methode, die ich Ihnen gleich zeigen werde, müssen Sie einige Schätzungen der künftigen Erträge vornehmen. Um diese Schätzungen vornehmen zu können, müssen Sie das Unternehmen jedoch gut genug kennen, um die Erträge vernünftig vorhersagen zu können.

Diese drei Investitionsgrundsätze helfen Ihnen bei der Bewertung so gut wie jeder potenziellen Investition. Zusätzlich zu diesen Grundsätzen ist es wichtig, dass Sie sich mit einigen Finanzkennzahlen vertraut machen, die Ihnen helfen, sich schnell ein Bild von den Aussichten eines Unternehmens zu machen.

Zeitliche Resilienz berücksichtigen

Kursschwankungen sind ein Kompromiss, wenn es um die Erzielung langfristiger Gewinne bei Stammaktien geht. Um erfolgreich zu investieren, müssen Sie wie ein Geschäftsinhaber denken und langfristig investieren. Aktien brauchen Zeit, um zu wachsen, und deshalb ist es wichtig, langfristig investiert zu bleiben. Wie Sie bereits gesehen haben, ist es die Zeit, die den Zinseszins antreibt, und das ist es, was Ihnen Geld einbringt.

Kalibrierte Antizipationen

Der Aktienmarkt ist kein System, mit dem man über Nacht reich wird. Er ist dazu gedacht, das Vermögen zu erhalten oder moderat wachsen zu lassen. Behandeln Sie ihn nicht wie ein Kasino und erwarten Sie nicht, dass Sie über Nacht reich werden.

Informierte Wachsamkeit statt Hyperaktivität

Ich werde mich in einem späteren Kapitel ausführlich mit dem Portfoliomanagement befassen, aber denken Sie daran, dass es eine schlechte Strategie ist, nach links und rechts zu springen, um große Gewinne zu erzielen. Ihr Ziel muss es vielmehr sein, qualitativ hochwertige Unternehmen zu besitzen, die im Laufe der Zeit an Wert gewinnen werden. Es ist besser, Ihr Portfolio einzurichten und zu vergessen, als zu versuchen, immer die besten Aktien auszuwählen.

Zu vermeidende Fehler beim Kauf von Dividendenaktien

Hier sind die häufigsten Fehler, die man beim Kauf von Dividendenaktien macht. Vermeiden Sie diese auf jeden Fall.

Eine Aktie nur aufgrund eines heißen Tipps kaufen

Recherchieren Sie immer selbst, bevor Sie eine Aktie kaufen, und kaufen Sie sie nicht, nur weil ein Freund, ein Kollege oder ein Buch sie Ihnen empfohlen hat. Ein guter Weg, um diesen Fehler zu vermeiden, ist es, Ihr Portfolio festzulegen und zu vergessen. Auf diese Weise haben Sie nicht das Bedürfnis, heiße Aktien zu finden, denn Ihr Portfolio wird im Laufe der Zeit wachsen und Ihnen Geld einbringen.

Vor dem Kauf oder Verkauf einer Aktie nicht die erforderlichen Nachforschungen anstellen

Es ist zwar eine schlechte Angewohnheit, etwas zu kaufen, weil jemand anderes es Ihnen empfohlen hat, aber es ist ebenso schlecht, etwas zu kaufen, ohne etwas über eine Aktie zu wissen. Um diesen Fehler zu vermeiden, sollten Sie sich immer an die zuvor beschriebenen Investitionsgewohnheiten halten.

Ausschließliche Konzentration auf die Rendite

Die Rendite ist eines der größten Ablenkungsmanöver bei der Betrachtung einer Dividendenaktie. Anleger stürzen sich oft auf Aktien mit hohen Renditen, weil sie glauben, dass sie einen Geldsegen erhalten werden. Eine hohe Rendite wird jedoch oft durch einen niedrigen Kurs erzielt. Wenn der Kurs einer Aktie fällt, wird die Rendite anhand der letzten Dividendenzahlung berechnet. Da diese Zahl hoch ist, führt dies zu einer künstlich hohen Rendite.

Das bedeutet, dass das Unternehmen möglicherweise nicht in der Lage ist, dieses Niveau der Zahlungen aufrechtzuerhalten, und der Anleger bleibt mit einer Aktie zurück, die keinen Wert hat. Konzentrieren Sie sich stets auf das zugrunde liegende Geschäft und nicht auf die Renditen.

Aktien mit niedrigen Renditen ablehnen

Dies ist ein Verwandter des vorherigen Fehlers. Viele Anleger, die hohe Renditen anstreben, meiden Aktien mit niedrigen Renditen. Bei den meisten Aktien mit niedrigen Renditen handelt es sich jedoch um stabile Unternehmen. Die Anleger erkennen die Stabilität der Dividendenzahlung und der Geschäftsaussichten und kaufen so viele Aktien wie möglich.

Dies führt zu höheren Aktienkursen und niedrigeren Renditen. Wie immer sollten Sie sich bei der Bewertung einer Aktie auf das zugrunde liegende Geschäft konzentrieren. Jagen Sie nicht den Renditen hinterher oder meiden Sie sie; am besten lassen Sie die Rendite ganz aus der Anlageentscheidung heraus.

Konzentration auf aktuelle und nicht auf zukünftige Dividenden

Als Anleger sind Sie an den Zukunftsaussichten Ihrer Investition interessiert. Die aktuellen Dividendenzahlungen mögen zwar gut aussehen, aber für Sie liegen sie in der Vergangenheit. Achten Sie bei Ihrer Entscheidung darauf, die Zukunftsaussichten des Unternehmens zu bewerten, und bedenken Sie, dass größere wirtschaftliche Auswirkungen die Unternehmensleistung beeinflussen können.

Versäumnis, Aktien und den Markt zu beobachten

Setzen und vergessen ist ein großartiges Investitionsprinzip, aber das bedeutet nicht, dass Sie die Märkte völlig ignorieren können. Sie müssen die Märkte auf ungünstige Ereignisse hin beobachten und sicherstellen, dass Sie einen Plan haben, wie Sie mit diesen umgehen können.

Lassen Sie sich nicht zu sehr von den Finanznachrichten einnehmen, denn die meisten davon sind nicht informativ. Behalten Sie jedoch die grundlegenden Marktvariablen im Auge, z. B. den Kurs des S&P 500, Ihre anstehenden Dividendentermine, Unternehmensankündigungen und so weiter.

Eine Aktie kaufen, nur weil sie billig ist

Aktien, die billig gehandelt werden, sind möglicherweise keine großen Wertanlagen. Viele Anleger sehen eine billige Aktie und denken, dass sie eine Menge Aktien kaufen können, die im Preis steigen werden, aber diese Aktien sind normalerweise nicht ohne Grund billig. Der beste Weg, diesen Fehler zu vermeiden, ist, sich auf die Qualität des Unternehmens zu konzentrieren und nicht auf den Preis.

Zu langes Halten einer Aktie mit schlechter Wertentwicklung

Sie sollten zwar so lange wie möglich an Ihren Anlagen festhalten, aber das Festhalten an einer Aktie, die sich schlecht entwickelt, ist auch nicht sehr sinnvoll. Sie sollten so lange an Ihrer Anlage festhalten, wie Sie die ursprüngliche Anlagethese für sinnvoll halten. Entspricht die Aktie nicht dieser These, sollten Sie sie so schnell wie möglich verkaufen.

Medienberichten und Analysen zu viel Glauben schenken

Die Mainstream-Finanzmedien lieben es, Krisen zu übertreiben und den Anschein zu erwecken, als ob morgen alles zusammenbrechen würde. Auf diese Weise verdienen sie Geld und verleiten die Anleger oft zu Entscheidungen, die für ihre finanzielle Zukunft schlecht sind. Verfolgen Sie den Mainstream oder die sozialen Medien nur, wenn Sie sich über grundlegende Finanzinformationen informieren.

Keine Berücksichtigung von Steuern

Denken Sie daran, dass Dividenden steuerpflichtiges Einkommen sind, wenn Sie Ihr Geld in sie investieren. Ich werde die Besteuerung von Dividenden in einem späteren Kapitel ausführlich behandeln, aber denken Sie daran, dass Steuern ein wesentlicher Bestandteil von Dividendenausschüttungen sind, und Sie sollten diese Tatsache immer berücksichtigen.

Versäumnis, Dividenden zu reinvestieren

Eine der besten Möglichkeiten, den Vermögensaufbau zu beschleunigen, ist die Reinvestition der Dividenden. Wenn Sie Ihre Dividenden über einen Dividenden-Wiederanlageplan (DRIP) reinvestieren, können Sie kostenlos Teilaktien kaufen und im folgenden Jahr noch mehr Dividenden erhalten.

Segment 3: Zusammenstellen einer Sammlung von Dividendenaktien

Wie ich im vorigen Kapitel erwähnt habe, gibt es zwei Möglichkeiten, um Dividendenpapiere auszuwählen. Die erste besteht darin, aktiv nach Aktien zu suchen, die Dividenden ausschütten, und deren Unternehmen zu analysieren. Die zweite besteht darin, einen passiven Ansatz zu wählen und in Fonds zu investieren, die diese Arbeit für Sie erledigen.

Lassen Sie uns zunächst untersuchen, wie Sie einen aktiven Ansatz für sich nutzen können.

Finanzielle Metriken

Es würde den Rahmen dieses Buches sprengen, sich eingehend mit den Rechnungslegungsgrundsätzen zu befassen. Es gibt jedoch einige wichtige Kennzahlen und Jahresabschlussposten, die Sie sich ansehen müssen, wenn Sie die Aussichten eines Unternehmens schnell erkennen wollen. Eine dieser Kennzahlen wird Ihnen auch helfen, den Wert eines Unternehmens zu schätzen.

Bevor ich näher darauf eingehe, möchte ich anmerken, dass die Ermittlung der Geschäftsaussichten eines Unternehmens eher eine Kunst als eine Wissenschaft ist. Es gibt keine Geheimformel, die man Ihnen geben kann, um eine eindeutige Zahl zu ermitteln, die angibt, was ein Unternehmen wert ist, denn letztendlich ist alles subjektiv. Anstatt nach endgültigen Werten zu suchen, ist es besser, eine ungefähre Zahl für den Nettowert zu ermitteln.

Aus diesem Grund ist die Sicherheitsmarge so wichtig. Sie können unmöglich für alles genaue Zahlen berechnen. Deshalb brauchen Sie eine Sicherheitsmarge, um Wahrscheinlichkeiten zu berücksichtigen. Betrachten Sie die Frage der Investition immer als eine Frage der Wahrscheinlichkeit, und Sie werden gut zurechtkommen. Dies gilt sowohl für Unternehmen, die Dividenden zahlen, als auch für solche, die dies nicht tun.

Gesamtkapitalrendite-Index

-Nettogewinn/Durchschnittliches Eigenkapital

-Wie viel das Unternehmen für jeden investierten Dollar verdient.

Ertragsbewertungskoeffizient

Das Kurs-Gewinn-Verhältnis (KGV) wird häufig in den Finanzmedien genannt. Es ist ein nützliches Maß dafür, wie billig oder teuer ein Unternehmen im Verhältnis zu seinen Gewinnen ist. Es wird berechnet, indem der Aktienkurs durch den Gewinn pro Aktie eines Unternehmens geteilt wird. Eine hohe Zahl bedeutet, dass die Kurse teuer sind, während niedrige Zahlen auf eine billige Aktie hindeuten.

Es gibt jedoch keine einheitlichen Standards, die auf eine billige oder teure Aktie hinweisen. Ein Autokonzern, der mit einem KGV von 15 verkauft wird, ist vernünftig, ein Technologieunternehmen, das mit demselben KGV verkauft wird, ist dagegen lächerlich billig. In den Aktienkurs eines Unternehmens fließen Schätzungen der künftigen Erträge ein, und das bedeutet, dass Preis und Wert immer voneinander abweichen.

So werden beispielsweise wachstumsstarke Unternehmen oft zu hohen KGVs verkauft, wobei die Preise deutlich über den Gewinnen liegen. Aus diesem Grund werden Unternehmen wie Tesla, eine Mischung aus Technologie- und Automobilhersteller, zu einem KGV verkauft, das weit über dem von etablierten

Automobilherstellern mit einer nachgewiesenen Erfolgsbilanz liegt. Als Anleger ist es Ihre Hauptaufgabe, die Zukunftsaussichten zu bewerten.

Das ist nicht einfach, und deshalb brauchen Sie die Grundsätze, die Sie gerade gelernt haben, um Sie zu unterstützen. Sie helfen Ihnen, die Chancen zu Ihren Gunsten auszurichten. Die Frage ist, wie Sie herausfinden, was ein Unternehmen in Zahlen wert ist. Um dies herauszufinden, müssen Sie die künftigen Erträge schätzen.

Nehmen wir an, ein Unternehmen erwirtschaftet derzeit fünf Cent pro Aktie und wächst schnell. Sie schätzen, dass die Erträge in den nächsten 10 Jahren um durchschnittlich 15 % steigen werden. Sie können eine solche Schätzung vornehmen, weil Sie das Unternehmen gut kennen. Wenn das aktuelle KGV 20 beträgt, wird der Aktienkurs wie folgt lauten:

Aktienkurs = Gewinn je Aktie * KGV = 0,05*20 = $1

In 10 Jahren werden sich die Erträge mit 15 % pro Jahr erhöhen und uns 20 Cent pro Aktie bescheren. Unter der Annahme, dass das KGV gleich bleibt, wird der geschätzte Aktienkurs in 10 Jahren bei (,2*20) oder 4 $ liegen. Das ist ein Gewinn von 300 % in 10 Jahren, was eine ziemlich hohe Rendite darstellt. Wenn Sie davon ausgehen, dass das KGV ebenfalls steigt, wie es bei hochprofitablen Unternehmen häufig der Fall ist, erhöht sich die geschätzte Rendite sogar noch weiter.

Eine weitere Möglichkeit zur Einschätzung, ob eine Aktie billig oder teuer ist, besteht darin, das KGV umzudrehen und es wie jedes andere zinsbringende Instrument zu betrachten. Wenn Sie Ihr Geld zum Beispiel auf einem Sparkonto anlegen, erhalten Sie weniger als ein Prozent Zinsen. Wenn Sie ein Unternehmen betrachten, sind die "Zinsen", die Sie erhalten, die Erträge, die es seinen Eigentümern bringt. Sie können nicht alles als Bargeld beanspruchen, aber dieses Geld fließt zurück in das Unternehmen und ernährt es. Kurz gesagt, es ist das, was die Eigentümer dafür bekommen, dass sie Geld in ein Unternehmen investieren.

Das Ertrags-Kurs-Verhältnis ist im Wesentlichen dasselbe wie die Formel für die Dividendenrendite, nur dass wir die gesamten Erträge verwenden und nicht nur die Dividendenrendite. In unserem vorherigen Beispiel verdiente (zahlte) die Aktie fünf Cent pro Aktie und wurde für 1 $ verkauft, was bedeutet, dass ihre Rendite fünf Prozent beträgt.

Eine Rendite von fünf Prozent bedeutet, dass die Aktie recht teuer ist. Einige Anleger sorgen für eine Sicherheitsmarge, indem sie Aktien kaufen, die ein Kurs-Gewinn-Verhältnis von acht Prozent oder mehr aufweisen. Das ist eine gute Methode, um die Sicherheitsmarge zu schätzen, aber der Fehler bei dieser Methode ist, dass das zukünftige Wachstum nicht berücksichtigt wird.

Wie Sie soeben gesehen haben, kann Ihnen diese Aktie über ein Jahrzehnt eine Rendite von 300 % bieten. Wen kümmert es, wenn sie teuer ist? Der Punkt ist, dass Sie beide Methoden anwenden müssen, um herauszufinden, ob eine Aktie eine gute Investition ist oder nicht. Wenn Sie das Gefühl haben, dass die künftigen Erträge einer Aktie nicht vorhersehbar sind, können Sie mit der Ertrags-Preis-Methode eine Sicherheitsspanne in Ihren Kaufpreis einbauen.

Wenn Sie künftige Erträge einigermaßen vorhersagen können, ist die Methode "Ertrag zu Preis" nicht so notwendig. Sie können sie jedoch verwenden, um zu vergleichen, wie teuer ein Unternehmen im Vergleich zu seinen Konkurrenten ist. Im Allgemeinen werden Aktien, die Dividenden zahlen, zu niedrigeren Kurs-Gewinn-Verhältnissen verkauft, während Wachstumsaktien, die keine Dividenden zahlen, teuer sind.

Wachstumsunternehmen mit Dividendenausschüttung liegen irgendwo dazwischen, und vieles hängt von den Sektoren ab, in denen sie tätig sind.

Verschuldung zu Betriebsgewinnen

-Nettoverschuldung zu EBITDA

-Wird berechnet, indem die Gesamtverbindlichkeiten eines Unternehmens abzüglich der liquiden Mittel durch das EBITDA geteilt werden.

Infrastruktur-Ausgaben

Jedes Unternehmen muss seine Gewinne reinvestieren, um zu wachsen und seinen Wettbewerbsvorteil zu erhalten. Verschiedene Branchen haben einen unterschiedlichen Reinvestitionsbedarf. Einige Branchen, wie der Bergbau und die Schwerindustrie, erfordern erhebliche Reinvestitionen, die den Gewinn schmälern können. Sie haben bereits gelernt, wie wichtig wirtschaftliche Burggräben sind.

Eine Art von Burggraben besteht darin, dass keine erheblichen Investitionsausgaben erforderlich sind. Diese Unternehmen schneiden in der Regel in Zeiten des Abschwungs besser ab, da sie nicht viel Geld benötigen, um ihre Wettbewerbsfähigkeit zu erhalten. Das bedeutet nicht, dass jedes Unternehmen, das erhebliche Kapitalausgaben erfordert, ein schlechtes Unternehmen ist. Die Wahrscheinlichkeit, dass ein Unternehmen mit geringem Kapitalaufwand gut abschneidet, ist jedoch hoch. Sie finden die Investitionsausgaben in der Kapitalflussrechnung unter dem Abschnitt Cashflow aus Investitionstätigkeit aufgeführt.

Es gibt ein paar Dinge, die Sie über die Art und Weise, wie Buchhalter diese Ausgaben behandeln, wissen müssen. Zunächst einmal werden sie nicht von den Einnahmen abgezogen. Wenn ein Unternehmen beispielsweise einen Umsatz von 1 $ pro Aktie erzielt und nur 0,10 $ an Ausgaben und 2 $ an Investitionsausgaben hat, beträgt der Gewinn unter dem Strich (1-0,1) 90 Cent pro Aktie. Die Investitionsausgaben sind jedoch doppelt so hoch wie die Einnahmen. Die Idee dahinter ist, dass Investitionsausgaben Vermögenswerte schaffen, die Geld einbringen. Daher macht es keinen Sinn, sie von den Einnahmen abzuziehen.

Aus betriebswirtschaftlicher Sicht ist es schwierig, herauszufinden, wie diese Ausgaben zu behandeln sind. Ein Unternehmen, das routinemäßig Kapital reinvestieren muss, wird Investitionsausgaben als reguläre Ausgaben verbuchen. Ohne diese Ausgaben würde das Unternehmen kein Geld verdienen. Daher ist es sinnvoll, sie jedes Jahr von den Einnahmen abzuziehen. Letztendlich sollten Sie sich den Rest der Branche ansehen und die wirtschaftlichen Zusammenhänge verstehen, um herauszufinden, wie Sie damit umgehen sollten.

Das nächste, was man sich bei Investitionsausgaben merken sollte, ist, dass sie nicht vom operativen freien Cashflow abgezogen werden. Mehr dazu erfahren Sie im nächsten Unterabschnitt. Für den Moment sollten Sie sich darüber im Klaren sein, dass Sie sie vom operativen freien Cashflow abziehen müssen, um ein vollständiges Bild davon zu erhalten, wie ein Unternehmen seinen Betrieb führt.

Liquidität und Ertragskennzahlen

Viele Anfänger glauben fälschlicherweise, dass Cashflow und Erträge das Gleiche sind. Dies ist jedoch nicht der Fall, da die Einnahmen oder Gewinne eines Unternehmens in der letzten Zeile der Gewinn- und Verlustrechnung aufgeführt werden, daher auch der Begriff Gewinn unter dem Strich. Der Cashflow wird in der Kapitalflussrechnung ausgewiesen.

Das Ergebnis eines Unternehmens kann ziemlich leicht manipuliert werden. Es gibt viele nicht zahlungswirksame Ausgaben, die von den Einnahmen abgezogen werden, um den Gewinn zu berechnen. Hinzu kommt, dass die Art und Weise, wie einige Ausgaben kategorisiert werden, nicht für jede Branche sinnvoll ist. Die Abschreibung ist zum Beispiel ein notorischer Fauxpas.

Nehmen wir an, Sie kaufen ein Möbelstück und behalten es 10 Jahre lang. Sie haben einen bestimmten Geldbetrag für den Kauf gezahlt, so dass es sich um eine Ausgabe handelt. Da es sich bei den Möbeln um einen Vermögenswert handelt, sind die Ausgaben Investitionsausgaben. Nun stellt sich die Frage: Was ist das Möbelstück im dritten Jahr seines Besitzes wert? Wie können Sie ihren Wert schätzen?

Die einzige Möglichkeit, diesen Wert zu ermitteln, besteht darin, die Möbel zu verkaufen. Aber warum sollten Sie sie verkaufen, nur um ihren Preis zu ermitteln? Sie werden sie verkaufen, wenn Sie sie loswerden wollen. Die Erfassung des Werts eines Vermögenswerts ist sehr wichtig, da er in der Bilanz eines Unternehmens ausgewiesen wird.

Um dieses Problem zu lösen, gehen Buchhalter davon aus, dass der Wert dieses Möbelstücks jedes Jahr um einen festen Prozentsatz sinkt, in der Regel um 10 %. Am Ende von 10 Jahren wird dieser Vermögenswert in den Büchern des Unternehmens fast nichts mehr wert sein. Das Problem dabei ist, dass der Abschreibungssatz geändert werden kann. Seriöse Buchhalter würden dies nicht tun, aber es gibt viele Unternehmen, die die Abschreibungssätze routinemäßig ändern. Wird der Abschreibungssatz erhöht, steigt der Abschreibungsaufwand, und die Gewinne sinken. Wird der Satz gesenkt, sinken die Ausgaben und die Gewinne steigen.

Außerdem ist zu beachten, dass die Abschreibung kein Baraufwand ist. Sie haben keinen Einfluss auf den Geldbetrag auf dem Bankkonto eines Unternehmens, so dass die Erträge nicht mit den Barmitteln übereinstimmen. Die Kapitalflussrechnung vermittelt den Anlegern ein klares Bild von den liquiden Mitteln eines Unternehmens und addiert die Abschreibungen und andere nicht zahlungswirksame Aufwendungen hinzu. Die Investitionsausgaben werden jedoch nicht vom Cashflow aus der Geschäftstätigkeit abgezogen. Die unterste Zeile der Cashflow-Rechnung zeigt den freien Cashflow, der alles berücksichtigt.

Das Problem besteht darin, dass diese Zahl auch die durch die Ausgabe von Eigen- oder Fremdkapital aufgenommenen Mittel berücksichtigt. Wenn ein Unternehmen durch seine Geschäftstätigkeit Barmittel verliert und dann durch Investitionsausgaben noch mehr verliert, aber durch die Ausgabe von Aktien auf dem Markt genügend Barmittel aufnimmt, um diese Löcher zu stopfen, wird es einen positiven freien Cashflow haben.

Aus der Sicht eines Anlegers ist dies jedoch kaum eine gute Situation. Ein Unternehmen, das mit seiner Haupttätigkeit kein Geld verdienen kann, eignet sich nicht für eine Investition. Idealerweise sollten Sie die Zahl betrachten, die Sie erhalten, wenn Sie die Investitionsausgaben vom Cashflow aus der Geschäftstätigkeit abziehen. Diese Zahl gibt Ihnen einen guten Eindruck davon, wie gut das Unternehmen Barmittel erwirtschaftet.

Letzten Endes sollten Sie nur diese Zahl berücksichtigen, da sie den tatsächlichen Gewinn darstellt. Sie können sie sogar zur Berechnung des KGV verwenden, indem Sie diese Zahl anstelle der Erträge einsetzen.

Kapitalstruktur

Der Verschuldungsgrad gibt Aufschluss über die zu erwartende Volatilität der Aktien eines Unternehmens. Es ist kein direktes Maß, da die verschiedenen Branchen unterschiedliche Standards haben, aber es gibt Ihnen eine gute Vorstellung von dem Risiko, das Sie mit einer Investition in das Unternehmen eingehen. Im Allgemeinen sollten die Schulden niedriger sein als das Eigenkapital. Dies verringert jedoch die Chancen eines starken Anstiegs der Aktienkurse.

Eigenkapital ist das, was Aktionäre besitzen, und Schulden sind das, was Gläubiger besitzen. Nehmen wir an, Sie kontrollieren einen Vermögenswert im Wert von 100 Dollar. Sie besitzen 1 $, während Sie 99 $ geliehen haben. In diesem Fall ist 1 Dollar Eigenkapital, während 99 Dollar Schulden sind. Nehmen wir nun an, der Preis dieses Vermögenswerts steigt auf 101 $. Der Preis hat sich nur um einen Dollar erhöht, aber Sie haben einen Gewinn von 100 % aus dem Eigenkapital erzielt.

Die Kehrseite der Medaille ist, dass Sie bei einem Kursrückgang um einen Dollar Ihr gesamtes Eigenkapital verloren haben. Eine hohe Verschuldung steigert Ihre Gewinne, aber sie kann auch in die andere Richtung gehen und Sie schnell in den Bankrott treiben, wenn Sie nicht aufpassen. Dasselbe Phänomen tritt bei Unternehmen auf: Eine hohe Verschuldung führt zu schwankenden Aktienkursen, aber wenn ein Unternehmen schlechte Ergebnisse erzielt, können die Aktienkurse schnell in den Keller gehen.

Hinzu kommt die Liquiditätsbelastung, die eine übermäßige Verschuldung für die Unternehmen bedeutet. Wenn ein Unternehmen seine Zinszahlungen nicht pünktlich leistet, werden seine Vermögenswerte wahrscheinlich von Gläubigern beschlagnahmt. Eine hohe Verschuldung ist also ein zweischneidiges Schwert, das in beide Richtungen wirkt. Dividendenzahlende Unternehmen haben in der Regel keine hohen Schuldenstände. Dies ist einer der Gründe, warum sie über lange Zeiträume stabil bleiben und nicht wie Unternehmen mit hohem Verschuldungsgrad einen raschen Anstieg der Aktienkurse erleben.

Überwachen Sie den Schuldenstand genau, um sicherzustellen, dass das Unternehmen nicht zu viel Geld aufnimmt. Wenn es schlecht läuft und Sie feststellen, dass das Unternehmen einen Kredit aufnehmen muss, um seine Dividende zu zahlen, ist das das Schlimmste, was passieren kann. Denn ein Unternehmen, das seine Schulden zurückzahlen muss, zieht diese Mittel von der Zahlung der Dividende ab; wenn das Verhältnis hoch genug ist, sollten Sie Ihre Position sofort aufgeben, unabhängig davon, wie hoch die Dividende ist.

Eine übermäßige Verschuldung ist zwar schlecht, aber Sie sollten auch nicht in ein Unternehmen investieren, das keine Schulden hat. Dies deutet darauf hin, dass das Unternehmen wiederholt Aktien ausgibt, um Kapital zu beschaffen, was für die bestehenden Aktionäre schlecht ist. Stellen Sie sich vor, ein Pizzakuchen wird immer wieder in kleinere Portionen geschnitten. Das ist es, was wiederholte Aktienemissionen für die bestehenden Investoren bedeuten. Ihr Anteil am Kuchen wird kleiner, und es macht keinen Sinn, langfristig investiert zu bleiben (Tahiri, 2019).

Ausschüttungs-Koeffizienten

Die Ausschüttungsquote ist eine Kennzahl, die spezifisch für dividendenzahlende Unternehmen ist und berechnet wird, indem der Betrag der gezahlten Dividenden durch den Gesamtertrag geteilt wird. Auch hier gibt es, wie bei anderen Kennzahlen, keine feste Zahl, die eine gute Ausschüttungsquote anzeigt. Je niedriger sie ist, desto besser ist sie natürlich. Ein hoher Wert ist jedoch nicht unbedingt ein Zeichen für Schwäche.

Vieles an dieser Kennzahl hängt von der Branche ab. Versorgungsunternehmen zum Beispiel schütten einen großen Teil ihrer Gewinne an die Anleger aus, weil ihr Geschäft stabil und stark reguliert ist. Als solche haben sie keine große Verwendung für den Großteil der von ihnen erwirtschafteten Barmittel. Daher ist es für sie sinnvoll, 60 % oder mehr ihrer Gewinne auszuschütten.

Wenn jedoch ein Unternehmen wie Microsoft anfängt, mehr als 40 % auszuschütten, sollten die Alarmglocken läuten. Der Technologiesektor ist hart umkämpft, und hohe Ausschüttungsquoten deuten auf sinkende Gewinne hin, da die Unternehmen automatisch ihre Barmittel zurückhalten, um Konkurrenten abzuwehren.

Vergleichen Sie stets die Ausschüttungsquoten verschiedener Unternehmen einer Branche, um ein Gefühl dafür zu bekommen, was nachhaltig ist. Wenn Sie keinen angemessenen Standard finden können, berechnen Sie die Ausschüttungsquote anhand des freien Cashflows aus der Geschäftstätigkeit abzüglich der Investitionsausgaben. So erhalten Sie ein klares Bild davon, wie nachhaltig die Dividende ist. Ein hoher Wert dieser Kennzahl deutet auf mögliche Probleme innerhalb des Unternehmens hin.

Entscheidende Dividendenmetriken

Es gibt einige dividendenbezogene Kennziffern, die Sie kennen sollten, bevor Sie in Dividendenaktien investieren. Die erste ist eine relativ einfache Kennzahl, nämlich die Dividende je Aktie, die den Betrag angibt, der als Dividende je Aktie gezahlt wird. Eine steigende Dividende pro Aktie ist ein gutes Zeichen, wenn man ein Unternehmen betrachtet. Die nächste Kennzahl ist die Dividendenrendite, die berechnet wird, indem die pro Aktie gezahlte Dividende durch den Aktienkurs dividiert wird. Sie ist eine der am meisten missverstandenen Kennzahlen, da viele Anleger glauben, sie sei die einzige Kennzahl, die zählt.

Wie ich bereits erklärt habe, ist eine hohe Rendite keine Garantie für eine gute Investition, da sie auch durch einen fallenden Aktienkurs entstehen kann. Als Faustregel gilt: Alles, was mehr als vier Prozent Rendite bringt, ist nicht nachhaltig und verdient eine genauere Betrachtung. Achten Sie auf Anzeichen einer übermäßigen Verschuldung oder auf Erträge, die nach den bereits besprochenen Kennzahlen nicht nachhaltig sind.

Die Dividendenausschüttungsquote ist eine weitere wichtige Kennzahl, da sie angibt, wie viel des Nettoeinkommens eines Unternehmens in die Dividendenausschüttung fließt. Im Allgemeinen sind 80 % des Nettoeinkommens, die als Dividende gezahlt werden, und mehr nicht nachhaltig.

Denken Sie daran, dass der Nettogewinn durch Abschreibungen verfälscht werden kann, wie ich bereits erläutert habe. Einige Anleger ziehen es vor, die Ausschüttungsquote stattdessen anhand des freien Cashflows des Unternehmens zu berechnen.

Die Dividendenwachstumsrate misst die Rate, mit der ein Unternehmen seine Ausschüttungen erhöht hat. Sie ist ein praktisches Maß dafür, wie gut ein Unternehmen seine Ausschüttungen an die Anleger gesteigert hat. Schließlich gibt es noch die Dividendendeckungsquote, die misst, inwieweit der Nettogewinn die Dividendenzahlung deckt. Sie ist der Ausschüttungsquote recht ähnlich, und einige Anleger entscheiden sich dafür, stattdessen die Deckung durch den freien Cashflow zu messen.

Rentabilitätsindizes

-Das Wichtigste ist eine konstante oder steigende Gewinnmarge. Wenn dies der Fall ist, ist es wahrscheinlich, dass die Dividendenzahlungen fortgesetzt werden und sogar ansteigen.

Liquiditätskoeffizient

-das Verhältnis zwischen den liquiden Mitteln des Unternehmens und den kurzfristigen Schuldverpflichtungen

-Unternehmen mit einem Liquiditätskoeffizienten von über 1,5 sind am ehesten in der Lage, ihr Vermögen an die Anleger zu verteilen.

Gewinn pro Aktie

-Gewinn geteilt durch die im Umlauf befindlichen Stammaktien

-Je höher das EPS, desto profitabler

Langlebigkeit des Unternehmens

-Berücksichtigen Sie Unternehmen, die seit mindestens 10 Jahren an der Börse notiert sind. Auf diese Weise verfügen Sie über eine Vielzahl von Daten, auf die Sie Ihre Entscheidungen stützen können.

Expansionsprognosen

-Suchen Sie nach Unternehmen mit langfristiger Rentabilität und Gewinnwachstumserwartungen zwischen 5% und 15%.

Sektordynamik

-betrachten Sie den gesamten Sektor, um eine ganzheitlichere Projektion der künftigen Leistung zu erhalten.

Woher weiß ich, ob ich zu viel zahle oder ob es ein guter Preis ist?

Der einfachste Weg, den Preis zu bewerten, ist die Betrachtung der folgenden Metriken.

Verhältnis zwischen Vermögen und Bewertung

Dies ist der Wert des Marktpreises des Unternehmens pro Aktie geteilt durch den Buchwert pro Aktie. Ein niedriges Kurs-Buchwert-Verhältnis ist ein Zeichen dafür, dass das Unternehmen unterbewertet ist.

Eine weitere Kennzahl, die Sie verwenden können, ist das PE-Verhältnis, das ich bereits besprochen habe. Der freie Cashflow des Unternehmens pro Aktie ist ebenfalls ein gutes Mittel, um zu messen, was Sie für den Preis, den Sie pro Aktie zahlen, bekommen.

Zukünftige Dividendenprognosen

Diese Kennzahl wird auch als zukünftige Dividendenrendite bezeichnet. Die Analysten an der Wall Street sind ein schlaues Völkchen und prognostizieren die potenziellen Dividenden, die ein Unternehmen in der Zukunft erwirtschaften kann, mit hoher Genauigkeit. Dividiert man diese Zahlungen durch den aktuellen Kurs, erhält man die künftige Dividendenrendite. Achten Sie auf Aktien mit einer zukünftigen Dividendenrendite, die höher ist als die aktuelle Rendite.

Branchen

Die folgenden Sektoren eignen sich hervorragend für die Suche nach potenziell dividendenstarken Aktien.

- Versorger: Strom-, Wasser- und Erdgasversorger sind eine gute Quelle für Dividenden, da diese Branchen stark reguliert sind und es eine hohe Wettbewerbsbarriere gibt. Ihre Einnahmen sind auch deshalb gesichert, weil diese Produkte unverzichtbar sind und die Menschen sie immer brauchen. Der Nachteil ist, dass das Wachstum aufgrund der Regulierung begrenzt ist, aber wenn Sie einen stetigen Cashflow anstreben, sind Versorgungsunternehmen eine gute Wahl.

- Energie: Energieunternehmen gründen häufig Master Limited Partnerships (MLPs), auf die ich später in diesem Buch noch näher eingehen werde. Diese Unternehmen bieten Steuervorteile und stetige Dividendenzahlungen.

- Telekommunikation: Diese Unternehmen fallen in die Kategorie der Versorgungsunternehmen, auch wenn ihre Sektoren unterschiedlich sind, und bieten daher die gleichen Vorteile. Das Geschäft ist gesichert und der Dividenden-Cashflow ist sicher.

- Basiskonsumgüter: Basiskonsumgüter wie Lebensmittel, Getränke, Konsumgüter usw., die jeder Verbraucher benötigt, sind eine ständige Quelle für Dividendenzahlungen.

- Immobilien: Real Estate Investment Trusts (REITs) sind großartige Einkommensquellen. Ich werde sie später in diesem Buch im Detail beschreiben.

Arten von Dividendentiteln

Auf dem Aktienmarkt gibt es viele Unternehmen, die eine Dividende zahlen, und alle wurden in Kategorien eingeteilt, um es den Anlegern leicht zu machen, herauszufinden, wie zuverlässig sie sind. Es gibt drei große Kategorien von Unternehmen, die Aufschluss über die Nachhaltigkeit ihrer Dividende geben.

Lizenzierte Dividende

Diese Aktien sind die Besten der Besten, wenn es um Dividendenzahlungen geht. Diese Unternehmen haben ihre Zahlungen nicht nur seit über 50 Jahren beibehalten, sondern sie haben ihre Dividendenzahlungen in dieser Zeit auch erhöht. Unternehmen wie Coca-Cola sind in dieser Liste enthalten.

Diese Unternehmen sind äußerst stabil und Sie können mit steigenden Dividendenzahlungen rechnen. Das Problem ist, dass es bei diesen Unternehmen kein großes Kapitalwachstum gibt, da sie so groß sind, dass sie nicht mehr viel Platz zum Wachsen haben.

Außerdem besteht die Gefahr, dass sie aufgrund ihrer Trägheit von neueren Wettbewerbern verdrängt werden könnten. Alle diese Unternehmen sind die alte Garde der amerikanischen Wirtschaft, und daher wird Trägheit sie wahrscheinlich ruinieren. Allerdings hat es noch nie einen Fall gegeben, in dem ein Dividendenkönig in Konkurs gegangen ist. Die Kombination aus über 50-jährigem Bestehen und stetiger Dividendenzahlung bedeutet, dass das Unternehmen so gut wie kugelsicher ist.

Dividenden-Adel

Während die Könige seit über 50 Jahren eine stetig steigende Dividende zahlen, tun dies die Aristokraten seit 25 Jahren. Auf dieser Liste finden sich neben den Kings noch einige andere Unternehmen. Das ist zwar nicht so beeindruckend wie eine steigende Dividende über 50 Jahre, aber 25 Jahre sind auch nicht zu verachten.

Wie bei den Kings können Sie auch bei diesen Unternehmen keine übermäßigen Kapitalgewinne erwarten. Sie tendieren dazu, sich langfristig auf einem durchschnittlichen Marktniveau zu bewegen, was sie zu einer sicheren Anlage macht. Wenn Sie jedoch noch etwas Zeit bis zur Pensionierung haben, sollten Sie eine Anlage in Betracht ziehen, die größere Kapitalgewinne verspricht.

Dies ist etwas, das den meisten Dividendenanlegern entgeht. Dividendenrenditen sind zwar großartig, aber sie schaffen nicht annähernd so viel Vermögen wie Kapitalgewinne. Aus diesem Grund ist es besser, Kapitalgewinne über einen langen Anlagehorizont zu erzielen. Ich will damit nicht sagen, dass Sie Dividenden ignorieren sollten, aber Sie sollten sie stattdessen als ein Zeichen von Stabilität verwenden. Setzen Sie sie erst dann in den Vordergrund, wenn Sie Ihr Portfolio benötigen, um Barmittel für passive Einkünfte zu generieren, mit denen Sie Ihre Lebenshaltungskosten bestreiten können.

Vorreiter bei den Dividenden

Die Achievers sind Unternehmen, die ihre Dividenden seit mindestens 10 Jahren kontinuierlich erhöhen. Diese Unternehmen wachsen zwar immer noch, aber nicht mehr so schnell wie Unternehmen in der Frühphase. Da sie jedoch das Potenzial haben, stärker zu wachsen, sind sie eine gute Wahl für Anleger, die die Sicherheit von Dividendenzahlungen und das Potenzial von Kapitalwachstum suchen.

Microsoft und Costco sind Paradebeispiele für solche Unternehmen. Wenn Ihr Anlagehorizont mehr als 15 Jahre beträgt, ist die Investition in diese Unternehmen eine gute Möglichkeit, Ihr Portfolio aufzubauen (Edwards, 2021).

Grundlegende Auswahlprinzipien

Am besten beginnen Sie mit den Dividenden-Aristokraten und wenden dann die folgenden Kriterien an:

- KGV kleiner als 20

- Dividendenrendite weniger als 2,5%

- Ausschüttungsquote weniger als 75%

- Der Gewinn pro Aktie sollte in den nächsten fünf Jahren positiv sein

Es gibt eine Reihe von kostenlosen und kostenpflichtigen Tools, die Ihnen die meisten Informationen über eine Aktie liefern, die Sie benötigen. Aktienscreener in Brokerage-Konten bieten diese ebenfalls an, um Ihnen zu helfen, Ihre Aktienauswahl auf der Grundlage bestimmter Kriterien einzugrenzen, und viele individuelle Aktien-Brokerage-Konten bieten ihren Kunden auch Online-Research und Preisinformationen und -kennzahlen. Finanznachrichtenseiten und Apps wie CNBC, Morning Star und Yahoo! Finance sind ebenfalls eine nützliche Ressource. Dividend.com bietet ebenfalls Listen von Aktien zur Auswahl sowie ein Watchlist-Tool.

Worauf Sie bei einem Dividenden-Investmentfonds und einem ETF achten sollten

Originator der Anlage

Der Emittent eines passiven Fonds ist äußerst wichtig, da es in diesem Bereich auf die Größe ankommt. Je größer und renommierter ein Institut ist, desto niedriger sind seine Gebühren und Handelskosten. Größere Institute gibt es schon länger und sie verfügen über ein stabileres Managementteam.

Vanguard ist der größte Fondsemittent auf dem Markt und nimmt eine Vorreiterrolle ein. Ihre Gebühren sind durchweg am niedrigsten, und es ist schwer, mit ihren Fonds etwas falsch zu machen. Andere Emittenten wie Charles Schwab, J.P. Morgan Chase, iShares, Fidelity und Nuveen Asset Management sind ebenfalls seriöse Unternehmen.

Diese Liste ist keineswegs erschöpfend, da es eine große Anzahl von Emittenten stabiler Fonds gibt. Wenn Sie sich nicht sicher sind, ob ein Emittent einen guten Ruf hat, sollten Sie einen Blick auf die Gebühren werfen. Kleinere Fondsemittenten verlangen höhere Gebühren.

Umfang des Vermögens

Die Größe eines Fonds ist ausschlaggebend für die Gebühren, die ihm von seinen Brokern berechnet werden. Die Fondsgröße ist auch ein Indikator für das Vertrauen der Anleger in das Fondsmanagement. In der Regel ist es am besten, sich an Fonds zu halten, die ein Volumen von mehr als 5 Milliarden Dollar haben, unabhängig davon, ob es sich um Indexfonds oder ETFs handelt. Sie werden feststellen, dass Fonds dieser Größe eine weniger schwankende Wertentwicklung aufweisen. Der Grund, warum kleinere Fonds Probleme mit der Volatilität haben, ist, dass ihre Anleger regelmäßig Geld in den Fonds ein- und aus ihm herausziehen. Wenn sich die Fondsgröße ändert, ändert sich auch die Portfoliogröße, so dass der Fondsmanager sein Portfolio ständig neu ausrichten muss, um es an die Gewichtung im Index anzupassen.

Beträgt die Portfoliogröße beispielsweise 100 Mio. USD und ist die Aktie A im Index mit drei Prozent gewichtet, muss die Positionsgröße von A im Portfolio des Fonds 3 Mio. USD betragen. Steigt die Größe des Fonds auf 200 Millionen Dollar, weil neue Gelder hinzukommen, muss die Aktie A nun 6 Millionen Dollar betragen, was bedeutet, dass der Fondsmanager viel mehr Aktien kaufen und Gebühren zahlen muss. Ziehen die Anleger unterdessen Geld aus dem Fonds ab, wodurch sein Wert auf 150 Millionen Dollar sinkt, muss der Verwalter erneut eine Umschichtung vornehmen.

Diese Handelskosten werden auf den Anleger abgewälzt, und die Performance leidet. Halten Sie sich daher an große Fonds, die sowohl geringere Kosten als auch weniger Kapitalflüsse aufweisen. Mit der Größe kommt die Stabilität, und auch die Handelsgebühren sind geringer.

Nachlauf

Alle Indexfonds hinken ihren Indizes aufgrund der Handelskosten hinterher. Der Trick besteht darin, diesen Rückstand zu minimieren, und die Fonds haben kreative Möglichkeiten, dies zu erreichen. Einige Fonds erweitern den Umfang ihrer Indizes, um Unternehmen einzubeziehen, die die Indexkriterien erfüllen, aber nicht im Index enthalten sind.

Tesla zum Beispiel ist derzeit eines der 500 größten Unternehmen nach Marktkapitalisierung in Amerika. Es ist jedoch nicht im S&P 500 vertreten. Fondsmanager, die den S&P 500 nachbilden und den Abstand zum Index minimieren wollen, könnten Tesla kaufen und die zusätzliche Wertentwicklung dieser Aktie nutzen, um die Lücke zu schließen. Dies bedeutet, dass der Fondsmanager über einen gewissen Ermessensspielraum im Portfolio verfügt.

Ermessensspielraum ist eine gute Sache, denn Sie wollen nicht, dass ein Roboter Ihr Portfolio verwaltet (angesichts des aktuellen Stands der Roboter). Einem Fondsmanager einen gewissen Ermessensspielraum einzuräumen, kann jedoch auch schiefgehen, da er den Fonds in einen quasi marktbeherrschenden Fonds verwandeln könnte, was die Wahrscheinlichkeit erhöht, dass die Dinge schief laufen.

Sie wollen ein Gleichgewicht in der Art und Weise, wie der Fondsmanager die Dinge führt. Die Gebühren sind ein direkter Indikator dafür. Fonds mit höheren Gebühren bieten ihren Managern mehr Ermessensspielraum, und ihre Portfolios sind in der Regel aggressiver. Wenn Ihr Ziel darin besteht, passive Marktgewinne zu erzielen, ist es sinnvoll, einfach den Fonds mit der niedrigsten Kostenquote (jährliche Gebühren geteilt durch den Portfoliowert) und der geringsten Performanceverzögerung zu wählen.

Sie müssen sich die Kombination dieser beiden Werte ansehen und sie mit Ihrer Risikobereitschaft in Einklang bringen. Nehmen wir zum Beispiel an, wir haben die folgenden Fonds A und B:

- Fonds A: Performanceverzögerung -0,2% und Kostenquote - 0,06%
- Fonds B: Performanceverzögerung -0,1% und Kostenquote -0,07%

Fonds B hat einen geringeren Rückstand, der jedoch durch seine höhere Kostenquote ausgeglichen wird. Es gibt also keinen Unterschied zwischen diesen Fonds. Entscheiden Sie sich für die günstigere Kombination und achten Sie dabei stets auf die Vorteile einer geringeren Verzögerung.

Verwahrstelle

Der Fondsmanager ist bei einem passiven Fonds nicht so wichtig wie bei einem aktiven Fonds. Sie möchten jedoch nicht, dass jemand Inkompetentes die Leitung übernimmt. Im Idealfall ist diese Person risikoscheu und hat nicht die Absicht, die Märkte zu dominieren. Stabilität ist ein wichtiges Thema, und Sie sollten die Performance immer historisch betrachten.

Größere Fonds sind schon eine Weile im Geschäft und haben schon einige Managerwechsel hinter sich. Schauen Sie sich an, wann die Manager gewechselt haben, und prüfen Sie, ob sich die Fondsperformance mit ihnen verändert hat. Je stabiler das Renditeprofil ist, desto besser.

Achten Sie auch darauf, ob der Fondsmanager gerne die Zielpfosten verschiebt. Bei den großen Fonds ist das nicht so häufig der Fall, aber bei den kleineren Fonds ist das sehr häufig der Fall. Der Grund dafür ist, dass der Fondsmanager ein Anlageziel festlegt, indem er einen Index auswählt, dem er folgt. Dann stellt er fest, dass dies eine schlechte Wahl ist, und ändert die Strategie des Fonds, indem er einen anderen Index wählt.

Dies ist beispielsweise bei einer Reihe von Fonds, die in chinesische Technologieunternehmen investieren, in den letzten Jahren geschehen. Viele Fonds haben ihre Indexziele willkürlich geändert, um die Marktperformance von Unternehmen zu erfassen, die sich im Technologiesektor nicht in Staatsbesitz befinden.

Warum sollte der Staatsbesitz ein so großer Faktor sein? Und noch wichtiger: Garantiert staatlicher Besitz in einem kommunistischen Land nicht mehr Stabilität? Achten Sie auf solche merkwürdigen Änderungen der Ziele. In der Regel geschieht dies, weil der Fondsmanager versucht, den Markt zu schlagen, indem er exotische Indizes auswählt, die keinerlei Relevanz haben.

Segment 4: Taktische Ansätze im Einklang mit finanziellen Zielen

Es gibt verschiedene Ansätze, die Dividendenanleger je nach ihren Anlagezielen verfolgen können. In diesem Abschnitt gehe ich auf die wichtigsten davon ein.

Dividendenwachstumsansatz

Bei diesem Ansatz handelt es sich um eine klassische Kombination aus dem Kauf von Aktien, die eine hohe Wachstumsrate aufweisen, aber auch eine hohe Dividende pro Aktie ausschütten. Die Idee besteht darin, eine Aktie zu kaufen, die derzeit vielleicht eine niedrige Dividende zahlt, aber dank der Kapitalzuwächse in Zukunft eine höhere Rendite abwerfen wird.

Langfristige Besitzer solcher Aktien erwarten ein deutliches Wachstum, was die niedrigere Dividendenrendite rechtfertigt. Wenn das Unternehmen schließlich eine gewisse Größe erreicht hat, wird es beginnen, mehr Dividenden zu zahlen, da das Wachstum in diesem Stadium langsamer ist. Dividendenwerte haben sich von 1972 bis 2014 bei weitaus geringerer Volatilität besser entwickelt als der Markt.

Am besten wählt man Unternehmen aus, die starke Wettbewerbsvorteile oder Burggräben haben. Aus Portfoliogesichtspunkten ist es am besten, diese Unternehmen für lange Zeit, sogar Jahrzehnte, zu halten, um von den aufgeschobenen Kapitalertragssteuern zu profitieren. Es ist auch eine gute Idee, über viele Branchen hinweg zu diversifizieren, da dies sicherstellt, dass Ihr Portfolio nicht von einem einzigen Wirtschaftszweig abhängig ist.

Stellen Sie sicher, dass das Dividendenwachstum durch Erträge und nicht durch Schulden finanziert wird. Die Prüfung der Kennzahlen, die ich im vorigen Kapitel aufgeführt habe, wird Ihnen dabei helfen, dies zu erreichen. Noch besser ist es, Dividendenaktien zu besitzen, die in mehreren Währungen aus mehreren Ländern notiert sind, so dass Sie nicht von einer einzigen Regierung oder Währung abhängig sind, um Dividenden zu erhalten.

Ansatz mit hoher Dividendenrendite

Hierbei handelt es sich um eine herkömmliche passive Anlagestrategie, bei der es darum geht, die höchstmögliche Dividendenrendite zu erzielen, ohne dabei auf Sicherheit zu verzichten. Diese Strategie eignet sich am besten für Anleger, die so viel Cashflow wie möglich abgreifen wollen.

In der Regel handelt es sich bei den Unternehmen, für die diese Strategie geeignet ist, um langsam wachsende Unternehmen, da der Großteil ihrer Gewinne in Dividenden statt in einbehaltene Gewinne fließt. Aktien aus dem Verteidigungssektor, der Pharmaindustrie, der Nahrungsmittelindustrie, dem Wohnungsbau und der Versorgungswirtschaft weisen diese Eigenschaften auf.

Denken Sie daran, dass diese Strategie nicht die höchsten Kapitalgewinne bringen wird, da Unternehmen mit Dividendenwachstum langfristig dazu neigen, Unternehmen mit hoher Rendite zu schlagen.

Jahr 3% Anfangsrendite + 10% jährliches Dividendenwachstum 7% Anfangsrendite + 3% jährliches Wachstum

1 $300 $700

5 $489.14 $1,024.87

10 $901.21 $1,650.56

15 $1,660.43 $2,658.25

20 $3,059.23 $4,281.14

25 $5,636.43 $6,894.81

30 $10,384.75 $11,104.17

35 $19,133.23 $17,883.37

40 $35,251.74 $28,801.34

45 $64,949.04 $46,384.85

50 $119,664.40 $74,703.27

Wie Sie sehen können, hat die renditestarke Aktie einen Vorsprung, wird aber schließlich von der wachstumsstarken Aktie geschlagen.

Breit angelegter Index-Ansatz

Dies ist ein mittelmäßiger Ansatz, bei dem Sie Dividenden wünschen, aber zugeben, dass Sie nicht viel über die Bewertung einzelner Unternehmen wissen. Sie könnten zum Beispiel einen Indexfonds kaufen, der den S&P 500 abbildet, weil Sie glauben, dass die US-Wirtschaft langfristig wachsen wird.

Das größte Risiko bei diesem Ansatz ist die Zukunft des Gewinnwachstums. Je nachdem, welche Art von Wachstum sie eingepreist haben, können Anleger entweder optimistisch oder pessimistisch sein, und die Märkte können aufgrund dieser Schätzungen schwanken.

Ein weiteres Risiko besteht darin, dass Sie am Ende in Unternehmen investieren, die Sie moralisch nicht gut finden. Sie könnten zum Beispiel in Tabak- oder Ölunternehmen investieren. Mit diesen breit angelegten Fonds werden Sie nie den Markt schlagen, aber es ist eine gute Möglichkeit, die durchschnittliche Marktperformance zu nutzen.

Dividenden-Capture-Ansatz

Dies ist eine aktive Strategie, bei der Sie viel handeln und die Märkte beobachten müssen. Die Idee besteht darin, die Aktie kurz vor dem Ex-Dividenden-Termin zu kaufen und sie zu verkaufen, um die Dividendenzahlung zu erhalten. Diese Strategie ist für den Durchschnittsanleger nicht zu empfehlen, da die Risiken hoch sind; das Verlustpotenzial ist hoch, während die Gewinne gering sind.

Bei diesem Ansatz muss man ständig auf der Gewinnerseite stehen, was angesichts der Zufälligkeit der Märkte schwierig sein kann. Wenn Sie es jedoch schaffen, können Sie ein regelmäßiges Einkommen erzielen, und Sie müssen sich nicht langfristig an Dividenden binden.

Beachten Sie, dass Maklerprovisionen (Makler, die sich an kurzfristige Händler wenden, erheben diese) und Steuern Ihre Gewinne aufzehren werden. Bevor Sie sich für diesen Ansatz entscheiden, sollten Sie Ihre Hausaufgaben machen.

Segment 5: Techniken der Vermögensallokation

Es gibt mehrere Möglichkeiten, wie Sie die Aktien, die Sie in Ihrem Portfolio kaufen möchten, aufteilen können. In diesem Kapitel gehe ich auf die wichtigsten davon ein.

Dollar Cost Averaging

Dies ist eine unkomplizierte Investitionsmethode, die Sie unabhängig von den Marktbedingungen anwenden können. Die Idee ist, in regelmäßigen Abständen einen festen Geldbetrag in den Markt zu investieren. Wenn Sie einen Pauschalbetrag zu investieren haben, teilen Sie diesen in gleiche Beträge auf und investieren das Ganze stückweise.

Der Vorteil dieser Methode ist, dass Sie den Schock vermeiden können, der entsteht, wenn Sie eine große Summe investieren und der Markt fällt. Durch die Streuung Ihrer Investition können Sie das Auf und Ab des Marktes besser nachvollziehen.

Wenn der Markt fällt, ist Ihre Investition gering und Sie können weitere Anteile kaufen. Wenn der Markt steigt, verdienen Ihre früheren Investitionen Geld, und Sie kaufen mit Ihrer neuen Einlage weniger Aktien, wodurch Sie vermeiden, dass Sie an der Spitze kaufen. Dollar Cost Averaging ist eine langfristige Strategie, unabhängig davon, wie viel Sie investieren wollen, und das Wichtigste ist, dass Sie stets in regelmäßigen Abständen investieren.

Der Nachteil dieser Methode besteht darin, dass Sie wahrscheinlich massive Marktgewinne verpassen werden. Wenn Sie beispielsweise einen börsengehandelten Fonds im Wert von 100 Dollar zu einem Preis von 50 Dollar pro Anteil kaufen, erwerben Sie nur zwei Anteile. Wenn der Kurs auf 200 $ steigt, erzielen Sie einen Gewinn von 300 $ (150 $ pro Anteil). Hätten Sie den börsengehandelten Fonds im Wert von 5.000 $ gekauft, wäre Ihr Gewinn viel größer gewesen. Die Kehrseite der Medaille ist, dass Sie bei einem Kursrückgang des börsengehandelten Fonds viel Geld verloren hätten, was vermieden wird, da Sie nur 100 Dollar investiert haben.

Dollar Cost Averaging ist ziemlich einfach auszuführen. Nehmen wir an, Sie beginnen im Januar mit dem Kauf eines börsengehandelten Fonds im Wert von 100 US-Dollar, dessen Kurs bei 50 US-Dollar liegt, und Sie beginnen mit zwei Anteilen. Im Februar investieren Sie wieder 100 $, aber nehmen wir an, der Kurs des ETF steigt auf 100 $. In diesem Monat kaufen Sie nur einen Anteil. Durch die wiederholten Käufe desselben Betrags im Laufe des Jahres wird die Anzahl der Anteile des ETF langsam ansteigen, während sich Ihr durchschnittlicher Einstandspreis entsprechend der Kursentwicklung des ETFs verändert.

Value Averaging

Diese Methode stellt eine Verbesserung des Dollar Cost Averaging dar, ist aber schwieriger zu bewerkstelligen. Die Idee hinter dem Value Averaging ist, mehr Anteile zu kaufen, wenn die Kurse fallen, und weniger zu kaufen, wenn die Kurse steigen. Das Problem besteht jedoch darin, herauszufinden, bei welchen Kursen der ETF als "steigend" und bei welchen als "fallend" eingestuft wird.

Eine einfache Möglichkeit, dieses Problem zu bekämpfen, besteht darin, die Preise mit Ihrem letzten Kauf zu vergleichen. Ähnlich wie beim Dollar Cost Averaging kaufen Sie in regelmäßigen Abständen eine bestimmte Menge an Aktien. Wenn der Kurs der Aktie jedoch seit dem letzten Kauf gestiegen ist, werden Sie weniger davon kaufen.

Nehmen wir an, Sie kaufen im Januar einen börsengehandelten Fonds für 50 US-Dollar und investieren 100 US-Dollar in diesen Fonds, was Ihnen zwei Anteile einbringt. Nehmen wir nun an, dass der Kurs des ETF im Februar auf 25 $ sinkt. Nach den Regeln des Dollar Cost Averaging hätten Sie wieder Aktien im Wert von 100 $ gekauft, was vier Anteile ergibt.

Nach den Regeln des Value Averaging verdoppeln Sie jedoch Ihre Investition, da der Kurs um die Hälfte gesunken ist. Sie investieren also 200 $ (statt 100 $) und kaufen acht Aktien. Wäre der Kurs auf 100 $ gestiegen, hätten Sie 50 $ investiert, da sich der Kurs verdoppelt hat. In Wirklichkeit hätten Sie keinen Auftrag zum Kauf von Anteilen des Fonds erteilen können, es sei denn, Ihr Makler erlaubt Ihnen den Kauf von Anteilsbruchteilen.

Im Laufe der Zeit werden Sie in Zeiten des Abschwungs mehr Anteile kaufen und in Zeiten des Aufschwungs weniger. Dadurch sinken Ihre Einstandskosten drastisch, und die Gewinne, die Sie erzielen, sind höher als beim Dollar Cost Averaging. Aus psychologischer Sicht ist diese Strategie schwieriger umzusetzen, da Sie bei einem Marktanstieg an der Seitenlinie bleiben müssen.

Ein weiterer potenzieller Nachteil ist, dass einem Anleger in einem Abwärtsmarkt das Geld ausgehen könnte, weil er größere Beträge investiert hat. Wenn der Markt weiter sinkt, muss der Anleger immer höhere Beträge investieren, um diese Strategie beizubehalten. Langfristig gesehen ist dies jedoch eine gute Strategie, da die durchschnittlichen Kosten niedrig sind.

Nur bei Kurseinbrüchen kaufen

Bei dieser Strategie wird nur dann gekauft, wenn die Zielaktie oder der Investmentfonds im Wert sinkt oder einen Rückgang verzeichnet. Sie kann bessere Renditen erzielen als die Dollar-Cost-Averaging-Strategie, aber Sie müssen Ihre Zielaktien oder -fonds verfolgen, um Investitionen zu tätigen, wenn die Bewertungen gefallen sind. Bei dieser Strategie muss der Anleger seine einmaligen und regelmäßigen Investitionen zeitlich abstimmen und auf einen günstigeren Preis warten.

Aus psychologischer Sicht ist es auch hier schwierig, diese Strategie zu verfolgen, da Sie bei steigenden Kursen an der Seitenlinie bleiben werden. Da sich alle auf den Markt stürzen, müssen Sie an der Seitenlinie bleiben und zusehen, wie die Preise steigen, ohne zu handeln. Die Disziplin wird sich jedoch auszahlen und Sie werden am Ende zu niedrigeren Preisen kaufen.

Pauschalbetrag

Pauschalstrategien sind am einfachsten zu befolgen, da Sie nur einen großen Betrag in den Markt investieren müssen, wenn Sie das Geld dazu haben. Die Beträge, die Sie investieren, müssen nicht gleich hoch sein, da Sie einfach alles investieren müssen, was Sie haben. Wenn Sie ganz nach den bisher gelernten Richtlinien in den Markt investieren, werden Sie Ihr Portfolio erheblich vergrößern können.

Mit der Pauschalstrategie erzielen Sie gute Renditen, wenn der Markt steigt, aber wenn er fällt, besteht die Gefahr, dass Sie länger mit schlechten Anlagen dastehen. Wenn die Aktien, in die Sie investieren, gute Dividenden zahlen, bietet die Pauschalstrategie bessere Renditen als die Dollar-Cost-Averaging-Methode.

Investitionspläne

Es gibt verschiedene Möglichkeiten, wie Sie Ihr Portfolio aufbauen und Ihre Dividendenaktien aufstocken können. Hier sind einige von ihnen.

Feste Infusion + Dividende Cycling

Bei diesem Plan investieren Sie einen festen Betrag in bar und legen Ihre Dividenden über einen DRIP vollständig wieder an. Wie bereits erwähnt, steht DRIP für "dividend reinvestment plan" (Plan zur Wiederanlage von Dividenden) und wird Ihnen von Ihrem Broker kostenlos angeboten. DRIPs bieten viele Vorteile, z. B. den Kauf von Bruchteilen Ihrer Aktien oder Fonds zum Nulltarif. Die meisten Broker bieten nicht die Möglichkeit, mit einer neuen Anlage Bruchteile von Aktien zu kaufen, aber alle erlauben Ihnen dies über einen DRIP.

Das bedeutet, dass Sie Ihre Dividenden langfristig aufstocken können, da sich Ihre Anlage in den Fonds ständig erhöht. Am Anfang wird es langsam gehen, aber Sie werden feststellen, dass Ihre Dividenden im Laufe der Zeit einen erheblichen Beitrag zu Ihrer Gesamtanlage leisten.

Zu beachten ist, dass DRIPs Sie nicht von den Steuern auf Ihre Dividendenanlage befreien. Viele Anleger vergessen dies, da sie ihre Dividenden nicht als Bargeld erhalten. Ihr Broker wird das Geld automatisch reinvestieren, so dass man leicht vergessen kann, dass man am Ende des Jahres Steuern darauf schuldet. Einige Anleger mögen DRIPs aus diesem Grund nicht, da es sich um einen Bargeldabfluss zur Steuerzeit handelt. Die langfristigen Vorteile eines DRIP überwiegen jedoch bei weitem die negativen Aspekte.

Periodische Aufstockung + Dividend Cycling

Bei diesem Plan investieren Sie in regelmäßigen Abständen einen bestimmten Geldbetrag und legen Ihre Dividenden über einen DRIP vollständig wieder an. Die Beträge für Ihre Aufstockungsinvestitionen sollten Sie festlegen, bevor Sie in den Markt einsteigen. Beständigkeit ist wichtig, daher sollten Sie einen Betrag wählen, den Sie über einen langen Zeitraum hinweg erfolgreich investieren können, auch wenn es nur 100 Dollar sind. Beständigkeit ist das A und O, um am Markt Geld zu verdienen, und Sie wollen sich nicht zu sehr engagieren und am Ende potenzielle Gewinne verpassen.

Wie ich bereits erwähnt habe, werden sich die Nachteile regelmäßiger, fester Investitionen bemerkbar machen. Es ist wichtig, dass Sie herausfinden, was am besten funktioniert, und dann diese Strategie verfolgen.

Einzelne Aktienrecycling-Strategie

Bei diesem Plan investieren Sie das Geld, das Ihnen zur Verfügung steht, so weit wie möglich in Ihr bestehendes Portfolio und ziehen gleichzeitig Ihre Dividenden ab. Das bedeutet, dass Sie in den Intervallen, in denen Ihre Aktien Dividenden ausschütten, ein Barguthaben erhalten, und dass Sie entscheiden müssen, was Sie mit Ihrem Bargeld machen.

Wenn Sie es reinvestieren möchten, können Sie einfach einen DRIP wählen. Wenn Sie jedoch genügend Geld erhalten, können Sie dieses Geld in neue Anlagen umleiten, die potenziell höhere Renditen bieten. Dies ist eine gute Möglichkeit, Ihre Investitionen zu steigern und Ihre vorhandenen Aktien für neue zu verwenden. Dieser Plan eignet sich auch für Personen, die kurz vor dem Ruhestand stehen, da der Cashflow im Rentenalter immer wichtiger wird.

Renditestarker Aktienzyklus

Dieser Investitionsplan eignet sich hervorragend, um den Cashflow zu steigern. Die Idee ist, dass Sie die erhaltenen Dividenden in Aktien reinvestieren, die eine hohe Dividende zahlen. So erhöhen Sie den Bargeldbetrag, den Sie erhalten, während Sie Ihre ursprünglichen Investitionen in die Aktien oder Fonds investieren, die Sie zuerst ausgewählt haben.

Nehmen wir an, Sie haben in einen börsengehandelten Fonds investiert und planen, regelmäßig jeden Monat 100 USD in diesen Fonds zu investieren. Die Dividenden, die er Ihnen ausschüttet, können Sie in eine Aktie mit hoher Dividendenrendite investieren. Nehmen wir an, Sie investieren in AT&T-Aktien, die eine Rendite von 10 % abwerfen. Die Dividenden, die Sie in AT&T

investieren, erhöhen Ihren Cashflow, und Sie können diese entweder in die hochverzinsliche Aktie reinvestieren oder in den ETF umleiten.

In der Zwischenzeit fließt Ihr regulärer Anlagebetrag weiter in den ETF, was Ihren Dividenden-Cashflow noch weiter steigert. Es ist ein wenig riskant, ein Portfolio auf diese Weise aufzubauen, aber wenn Sie es schaffen, werden Sie Ihre Gewinne viel schneller steigern können.

Segment 6: Aufbau und Beaufsichtigung Ihres Vermögensclusters

Der Aufbau eines Portfolios ist eine wichtige Fähigkeit für jeden Anleger, denn ein starkes Portfolio schützt Sie vor Marktabschwüngen und widrigen Ereignissen. Sie können davon ausgehen, dass diese Ereignisse über einen ausreichend langen Zeitraum auftreten werden, und das Portfoliomanagement wird Ihnen helfen, diese Stürme zu überstehen.

Beste Praktiken für Ihr Portfolio

Sobald Sie Ihre ideale Strategie gefunden haben und sich dazu verpflichtet haben, den besten Weg zum Aufbau Ihres Portfolios zu verfolgen, sollten Sie sich auf die Ausführung der folgenden Best Practices konzentrieren.

Aktivieren von ungenutztem Kapital

Aktive Anleger kommen immer wieder in Situationen, in denen sie Barmittel haben, die darauf warten, investiert zu werden, aber es gibt keine geeigneten Gelegenheiten. Die Aktie, die sie kaufen möchten, könnte zu teuer sein, oder es gibt keine guten Unternehmen, die sie kaufen können. Legen Sie Ihr Geld in solchen Zeiten auf einem liquiden, verzinslichen Konto an, z. B. auf einem Sparkonto, und warten Sie auf die richtige Gelegenheit.

Die Zinsen werden zwar nicht sehr hoch sein, aber es geht ja auch nicht darum, Zinsen zu verdienen. Vielmehr geht es darum, Ihren Bargeldbestand zu verwalten und ihn bereitzuhalten, wenn sich eine Gelegenheit ergibt. Haben Sie es nicht eilig, es in eine weniger hochwertige Aktie zu investieren. Wenn Sie sich immer an die bisher erlernten Anlagegrundsätze halten, wird es Ihnen gut gehen.

Überwachung der Anlagen

In welchem Umfang Sie Ihr Portfolio überwachen, hängt von Ihrer Anlagestrategie ab. Aktive Anleger werden ihre Bestände stärker überwachen müssen als passive Anleger. Aktive Anleger brauchen die Aktienkurse jedoch nicht zu verfolgen, sobald sie sie gekauft haben. Stattdessen sollten Sie die Unternehmensberichte und andere damit zusammenhängende Pressemitteilungen verfolgen, da Sie überprüfen müssen, ob Ihre Anlagethese noch aktuell ist.

Passive Anleger sollten den jährlichen Fondsprospekt lesen, um sicherzustellen, dass es keine Änderungen in der Gebührenstruktur oder der Strategie gibt, die das angestrebte Marktdurchschnittziel gefährden könnten.

Letzten Endes ist die Portfoliokonstruktion eine wichtige Fähigkeit, die jeder Anleger erlernen muss. Glücklicherweise ist es nicht allzu schwer, es richtig zu machen. Halten Sie sich von unsinnigen Abhandlungen über den Kauf von 30 Aktien aus jedem Sektor des Aktienmarktes usw. fern. Halten Sie es einfach, und Sie werden gut zurechtkommen.

Aufbau Ihres Portfolios

Zunächst sollten Sie sich darüber im Klaren sein, dass Ihr Portfolio anfangs nur geringe Dividendenerträge abwerfen wird. Das liegt daran, dass Ihre Anlagebeträge niedrig sind und die Dividendenbeträge nicht sehr hoch ausfallen werden. Wenn Sie zum Beispiel 5.000 Dollar in ein Dividendenportfolio investieren, das eine Rendite von drei Prozent abwirft, erhalten Sie 150 Dollar pro Jahr an Dividenden. Das hört sich nicht gerade nach viel an, oder?

Wenn Sie jedoch in Wachstumsaktien investiert haben, werden Ihre Dividendenbeträge im Laufe der Zeit steigen, wenn die Aktienkurse steigen. Wenn die Unternehmen in Ihrem Portfolio ihre Dividenden um sechs Prozent pro Jahr erhöhen (was eine vorsichtige Schätzung ist), werden Sie innerhalb von 10 Jahren 269 US-Dollar pro Jahr verdienen. Und das alles, ohne zusätzliches Geld zu investieren oder Dividenden zu reinvestieren.

Ich will damit sagen, dass Sie Ihrem Geld Zeit geben müssen, sich zu vermehren, denn nur so entsteht ein Geldschneeballsystem, das sich im Laufe der Zeit selbst vermehrt. Wenn Sie Ihre Dividenden immer wieder reinvestieren und in regelmäßigen Abständen Geld anlegen, wird Ihr Portfolio mit der Zeit automatisch wachsen, und Ihre Dividenden werden steigen.

Der Schlüssel liegt darin, über lange Zeiträume investiert zu bleiben. Das ist es, was den Zinseszinseffekt antreibt und dafür sorgt, dass Ihr Geld auf lange Sicht optimal wächst.

Größe der Anlagegruppen

Der erste Schritt beim Aufbau Ihres Portfolios besteht darin, herauszufinden, wie viel Dividendeneinkommen Sie aus Ihren Aktien erzielen möchten. Nehmen wir an, Sie wünschen sich 40.000 Dollar Einkommen pro Jahr und sind mit einem Aktienkorb mit einer Rendite von fünf Prozent zufrieden. Denken Sie daran, dass Sie auch die Steuern berücksichtigen müssen.

Als Nächstes multiplizieren Sie das Einkommen (40.000) mit 1,25, um die Steuern abzudecken, und teilen diese Zahl dann durch die Rendite, um Ihre ideale Portfoliogröße zu ermitteln. Diese Berechnung ergibt einen Portfoliowert von 1 Million Dollar. Denken Sie daran, dass diese Berechnung ein zeitliches Element enthält und dass Sie diesen Geldbetrag nicht sofort erwirtschaften müssen. Das Wichtigste ist, dass Sie es aufbauen.

Danach können Sie mit der Auswahl Ihrer Aktien beginnen und die gewünschte Rendite anstreben. Wählen Sie aus einem Spektrum von Dividendenrendite- und Dividendenwachstumsaktien, um Ihr Ziel zu erreichen. Mit der Zeit wird Ihr Portfolio wachsen und Sie werden Ihr Ziel erreichen.

Risikomanagement

Kein Portfolio ist immun gegen Marktbewegungen, ob nach oben oder nach unten. Aus diesem Grund ist das Risikomanagement so wichtig. Das Ziel Ihres Portfolios ist es, ein regelmäßiges Einkommen zu erwirtschaften, weshalb eine Diversifizierung unerlässlich ist. Ein konzentriertes Portfolio ist riskant, da Sie nur von einigen wenigen Aktien abhängig sind.

Führen Sie immer eine gründliche Due-Diligence-Prüfung durch, bevor Sie investieren. Lassen Sie sich bei Ihren Anlageentscheidungen nicht von Emotionen leiten, und seien Sie besonders vorsichtig bei Gier, Angst und Liebe.

Cluster-Konfiguration

Am besten diversifizieren Sie Ihre Bestände auf mindestens 25 bis 30 Aktien. Idealerweise sollte das Gewicht dieser Positionen in Ihrem Portfolio gleich sein. Investieren Sie nicht in mehr Aktien als diese Zahl, denn es kann schwierig sein, mit ihnen Schritt zu halten.

Wichtig ist auch, dass Sie Ihr Geld auf fünf bis sieben Branchen verteilen, denn Aktien aus ähnlichen Branchen sind anfälliger für die Marktkräfte, die in diesen Sektoren wirken. Sie möchten nicht, dass Ihr Portfolio aufgrund der schwachen Leistung eines einzelnen Sektors sinkt. Wählen Sie Sektoren aus, die nicht miteinander korreliert sind, damit die Performance eines Sektors die eines anderen nicht beeinflusst.

Lassen Sie bei der Diversifizierung immer Ihren gesunden Menschenverstand walten und halten Sie sich an die Bereiche des Marktes, die Sie kennen.

Positionsempfehlungen

Es gibt verschiedene Möglichkeiten, Ihr Geld in Ihrem Portfolio aufzuteilen. Zunächst sollten Sie über die Marktkapitalisierung diversifizieren. Es gibt genügend Unternehmen mit hoher Marktkapitalisierung, die Dividenden zahlen, so dass Sie ein diversifiziertes Portfolio aufbauen können. Selbst wenn Sie nur drei Large-Cap-Aktien besitzen, haben Sie den Effekt eines Investmentfonds, mit dem Sie die erstaunliche Leistung dieser Unternehmen über ein diversifiziertes Portfolio nachbilden können. Konzentrieren Sie sich auf die Large Caps, bevor Sie sich mit den Medium und Small Caps beschäftigen.

Zusätzlich zum Besitz von amerikanischen Blue-Chip-Aktien ist es ratsam, auch einige internationale Aktien zu besitzen, um Ihr Standortrisiko zu diversifizieren. Durch die geografische Diversifizierung können Sie einen Großteil des politischen Risikos ausschalten.

Mehr Gewicht in nicht zyklischen Konsumgütern wie Nahrungsmitteln und Getränken/Grundbedarf oder im Gesundheitswesen

Wenn Sie ein größeres Portfolio haben ($25000 und mehr), können Sie einige andere Sektoren wie Industrie (Luft- und Raumfahrt, Maschinenbau, Abfallwirtschaft) oder regulierte Versorgungsunternehmen einbeziehen.

Dividenden-Recycling

Reinvestieren Sie Ihre Dividenden immer über einen DRIP, da Sie auf diese Weise Ihre Investition erhöhen und Ihre Rendite ohne großen Aufwand vervielfachen können. Darüber hinaus können Sie, wie ich bereits erläutert habe, auch Bruchteile von Aktien kaufen und Ihr Portfolio auf diese Weise vergrößern.

Regelmäßige Bewertung und Neuausrichtung

Am besten ist es, wenn Sie mindestens einmal pro Quartal oder Jahr die Entwicklung Ihrer Aktien im Auge behalten, denn die Unternehmen sind nicht verpflichtet, Dividenden zu zahlen, und können diese jederzeit erhöhen oder kürzen. Vergewissern Sie sich, dass Ihre Dividenden regelmäßig ausgeschüttet werden und dass der Betrag wächst. Vergewissern Sie sich stets, dass Ihre Anlage wächst, und dulden Sie keine Leistungseinbußen.

Zu den Kennzahlen, die Sie im Auge behalten sollten, gehören die Erträge, die Ihr Portfolio erwirtschaftet, die Sicherheit, mit der diese Erträge erwirtschaftet werden, der Grad der Diversifizierung und die Frage, ob Sie Ihre Allokationen neu anpassen müssen.

Überprüfen Sie bei der Neugewichtung, ob einzelne Aktien in Ihrem Portfolio von der von Ihnen bevorzugten prozentualen Aufteilung abgewichen sind. Am besten richten Sie zu bestimmten Zeitpunkten im Kalenderjahr prozentuale Auslöser ein, die Sie darüber informieren, dass Sie Ihr Portfolio neu ausrichten müssen. Denken Sie daran, dass Sie nicht immer verkaufen müssen, um eine

Neugewichtung vorzunehmen, da Sie auch Fonds hinzufügen können, um die Zielallokation zu erreichen.

Neben der Neugewichtung des Portfolios müssen Sie auch innerhalb eines Sektors eine Neugewichtung vornehmen, um sicherzustellen, dass Ihre Allokation ideal ist. Wenn Sie sechs Unternehmen desselben Sektors besitzen, können Ihre Allokationen von der idealen Verteilung abweichen, so dass Sie ein Rebalancing zwischen diesen Unternehmen vornehmen müssen.

Navigieren durch wirtschaftliche Abschwünge

Die Märkte stürzen von Zeit zu Zeit ab, und es ist wichtig, dass Sie diese Ereignisse gut bewältigen. Es ist wichtig, dass Sie Ihre Verlierer liquidieren, d. h. die Unternehmen mit schlechten Aussichten verkaufen und das Geld den Unternehmen zuweisen, die sich voraussichtlich gut entwickeln werden. Eine andere Möglichkeit besteht darin, auf Ihren Barmitteln sitzen zu bleiben und auf bessere Gelegenheiten zu warten.

Schichten Sie Ihr Portfolio in Richtung der Aktien um, die in Rezessionen besonders gut abschneiden werden. Diese Aktien werden Ihnen wahrscheinlich auch eine hohe Rendite bieten, da die Aktienkurse in solchen Zeiten im Allgemeinen sinken.

Kriterien für die Desinvestition von Aktien

Achten Sie auf diese Anzeichen bei den Aktien in Ihrem Portfolio. Wenn eines davon auftritt, ist es wahrscheinlich eine gute Idee, sie zu verkaufen.

1. Sinkender Cashflow: Dies deutet darauf hin, dass das Unternehmen in Schwierigkeiten steckt und möglicherweise nicht in der Lage ist, seine Dividendenanforderungen zu erfüllen.

2. Herabstufung der Kreditwürdigkeit: Die Kreditwürdigkeit eines Unternehmens ist seine Lebensader, da sie bestimmt, wie viel Geld es von Banken aufnehmen kann. Ein niedriges Kreditrating drückt auf den Cashflow, was sich auf die Dividende auswirken könnte.

3. Schwache Fundamentaldaten: Überwachen Sie die zuvor genannten Kennzahlen, um sicherzustellen, dass die Leistung eines Unternehmens gut ist.

4. Langfristige Beeinträchtigung der Ertragskraft: Die zuvor erwähnten Kennzahlen geben Aufschluss darüber, ob ein Unternehmen seine Ertragskraft aufrechterhalten kann oder nicht. Verkaufen Sie, wenn die Fähigkeit, Geld zu verdienen, in Gefahr ist.

5. Ausgesetzte Aktienrückkaufprogramme: Ein Unternehmen braucht Geld, um seine Aktien zurückzukaufen, und wenn es dieses Programm aussetzt, bedeutet das, dass seine Liquidität in Schwierigkeiten ist.

6. Sinkender Aktienkurs und steigende Rendite: Eine steigende Rendite bei fallenden Aktienkursen ist eine Scheinrendite, die eine Dividendenfalle darstellt. Halten Sie sich von solchen Unternehmen fern.

7. Die Bewertung der Aktie hat ein zu hohes Niveau erreicht: Aktien werden auf dem Markt oft überbewertet, und es macht keinen Sinn, sie zu diesen Preisen zu kaufen. Verwenden Sie das KGV und das PB-Verhältnis, um herauszufinden, wann Aktien überbewertet sind.

8. Erhöhung der Portfoliogewichtung: Es kann vorkommen, dass eine Aktie eine unangenehme Gewichtung in Ihrem Portfolio erreicht. In solchen Fällen ist es am besten, die Aktie zu verkaufen und Ihr Portfolio neu zu gewichten.

9. Bessere Anlagemöglichkeiten: Wenn Sie eine andere Aktie finden, die Ihnen eine bessere Rendite verspricht, verkaufen Sie Ihre bestehenden Bestände und kaufen Sie stattdessen diese Aktie. Seien Sie immer auf der Suche nach besseren Gelegenheiten und steigen Sie in neue Aktien ein, die Ihnen bessere Wachstumsaussichten bieten.

10. Die Sicherheit der Dividende ist gefährdet: Wenn Sie glauben, dass die Sicherheit der Dividende gefährdet ist, sollten Sie die Position sofort aufgeben.

Entscheiden Sie sich vor allem nicht aufgrund Ihrer Gefühle für einen Kauf oder Verkauf.

Segment 7: Die steuerlichen Auswirkungen von Dividenden

Die Besteuerung von Dividenden kann etwas kompliziert sein, aber sie ist nicht allzu schwer zu verstehen. Sie müssen sich damit befassen, weil Sie eine zusätzliche Steuerlast zu tragen haben werden. Die gute Nachricht ist, dass Ihr Broker fast alles für Sie erledigt. Dennoch müssen Sie am Ende des Geschäftsjahres eine Steuererklärung abgeben, weshalb es sich lohnt, sich über die Besteuerung von Dividenden zu informieren.

Qualifizierte versus gewöhnliche Dividenden

Es gibt zwei Arten von Dividenden, die ein Unternehmen an Sie ausschütten kann. Die erste ist eine qualifizierte, die zweite eine gewöhnliche Dividende. Im Zusammenhang mit qualifizierten Dividenden gibt es einige Missverständnisse, die wir hier ausräumen wollen.

Erstens: Das Unternehmen entscheidet, ob eine qualifizierte Dividende oder ein Teil davon qualifiziert ist oder nicht. Zweitens hängt es von Ihrer Haltedauer ab, ob Sie die Vorteile qualifizierter Dividenden in Anspruch nehmen können. Um qualifiziert zu sein, müssen Sie die Aktie innerhalb des 181-Tage-Zeitraums vor dem Ex-Dividenden-Datum mehr als 60 Tage lang gehalten haben. Wenn diese beiden Bedingungen erfüllt sind, gilt die Dividende als qualifiziert.

Der Vorteil von qualifizierten Dividenden besteht darin, dass sie zu niedrigeren Sätzen besteuert werden. Qualifizierte Dividenden werden zu den Steuersätzen für langfristige Kapitalerträge besteuert, während gewöhnliche Dividenden zu den normalen Einkommenssteuersätzen besteuert werden. Zur Auffrischung: Die normalen Einkommenssteuern funktionieren wie folgt.

Die US-Steuerbehörde (Internal Revenue Services, IRS) hat verschiedene Einkommensstufen mit den dazugehörigen Steuersätzen eingeführt, um zu ermitteln, wie viel Steuern ein Steuerpflichtiger am Ende des Jahres zu zahlen hat. Die Steuerklassen sind marginal, d. h. wenn Sie 100.000 $ verdienen und als Einzelperson einen Antrag stellen, werden die ersten 9.875 $ mit 10 %, die nächsten 40.125 $ mit 12 % und der Rest Ihres Einkommens mit 22 % besteuert.

Die normalen Einkommenssteuersätze gehen bis zu 37 %, und das kann sich summieren, wenn Sie Geld mit Ihren Investitionen verdienen, vor allem an der Börse. Immobilieninvestoren können in der Regel ihre Ausgaben absetzen, ähnlich wie Geschäftsinhaber, Aktienanleger jedoch nicht. Aus diesem Grund ist die qualifizierte Dividende ein Segen.

Kapitalgewinne beziehen sich auf Gewinne, die durch den Anstieg der Preise von Vermögenswerten erzielt werden. Wenn Sie eine Aktie für 4 Dollar kaufen und sie auf 10 Dollar steigt, haben Sie einen Kapitalgewinn von 6 Dollar erzielt. Dies ist ein realisierter Kapitalgewinn, im Gegensatz zu einem nicht realisierten, der auf dem Papier steht. Beachten Sie, dass nur realisierte Kapitalgewinne besteuert werden.

Wenn Sie die Aktie weniger als ein Jahr lang gehalten haben, bevor Sie sie verkaufen, zahlen Sie Steuern auf kurzfristige Kapitalgewinne. Diese Kapitalgewinne werden wie normales Einkommen besteuert. Wenn Sie die Aktie jedoch länger als ein Jahr besitzen, unterliegen Sie der Steuer auf langfristige Kapitalgewinne. Diese Steuern sind in drei Stufen gestaffelt: Null, 15 % und 20 %.

Die meisten Kleinanleger fallen unter den Nullsteuersatz, denn die Grenze liegt zwischen 40.000 und 54.100 Dollar, je nachdem, wie Sie Ihre Steuern einreichen. Selbst wenn Sie den Höchstsatz von 20 % zahlen, ist dies weit weniger als die entsprechende Einkommensteuerklasse, in der Sie 30 % oder mehr zahlen müssen.

Für qualifizierte Dividenden gelten also weitaus niedrigere Sätze als für gewöhnliche Dividenden. Ihr Broker stellt Ihnen am Ende des Jahres ein Formular mit der Bezeichnung 1099-DIV aus, in dem die erhaltenen qualifizierten und gewöhnlichen Dividenden aufgeführt sind. Diese Angaben müssen Sie bei der Erstellung Ihrer Steuererklärung verwenden.

Ergänzende Abgaben

Es gibt zwei weitere Steuern, die auf Dividenden erhoben werden. Bei der ersten handelt es sich um eine Medicare-Steuer von 0,9 %, die Sie zahlen müssen, wenn Ihr Einkommen 200.000 USD als normaler Steuerpflichtiger, 250.000 USD als Zusammenveranlagter und 125.000 USD als getrennt Veranlagter übersteigt. Steuerpflichtige Dividendenzahlungen, unabhängig davon, ob es sich um qualifizierte oder normale Dividenden handelt, unterliegen einer Kapitalertragssteuer von 3,8 %. Die Schwellenwerte hierfür sind die gleichen wie die der Medicare-Steuer.

Ruhestandsrücklagen

Ruhestandskonten machen das Besteuerungsverfahren noch komplexer. Das Geld auf einem Rentenkonto wird nur dann besteuert, wenn es abgehoben wird. In der Regel wird es im Alter von 59 ½ Jahren abgehoben, da dies der Zeitpunkt ist, an dem die Regierung vorschreibt, dass man Geld abheben kann. Bei Abhebungen vor diesem Zeitpunkt wird eine Strafgebühr von 10 % erhoben.

Die Steuern auf dieses Geld werden zum normalen Einkommen erhoben. Das bedeutet, dass alle Dividendeneinkünfte, die Sie erzielen, automatisch als normales Einkommen eingestuft werden, selbst wenn Sie die Kriterien für qualifizierte Dividenden erfüllen. Dies hat für die meisten Menschen erhebliche steuerliche Auswirkungen. Wenn Sie über eine lange Anlagedauer verfügen, werden sich Ihre Dividenden wahrscheinlich ausreichend aufzinsen, so dass die höheren Steuersätze Ihre Gewinne nicht aufzehren werden.

Wenn Sie Ihre Dividenden jedoch innerhalb weniger Jahre abheben müssen, ist es sinnvoller, dividendenstarke Anlagen auf regulären Konten zu halten. Die geringere Steuerlast wird sich am Ende des Tages bemerkbar machen. Da die steuerliche Situation bei jedem Menschen anders ist, sollten Sie sich von einem Steuerberater beraten lassen, um herauszufinden, was für Sie am besten geeignet ist.

Roth IRAs werden anders besteuert als gewöhnliche IRAs, und die Methode der Entnahme kann eine große Rolle bei Ihrer Entscheidung spielen, dividendenzahlende Instrumente zu halten. Wenn Sie 59 ½ Jahre oder älter sind und die Roth IRA mehr als fünf Jahre lang gehalten haben, können Sie Ihr Geld steuerfrei abheben, während Sie bei einer gewöhnlichen IRA Einkommenssteuern zahlen müssen.

Das bedeutet, dass Sie keine Steuern auf Ihre Dividendeneinkünfte zahlen, unabhängig von deren Bezeichnung. Auch hier gibt es einige andere Regeln zu beachten, so dass Sie am besten mit einem Steuerfachmann sprechen sollten, bevor Sie sich für einen Weg entscheiden.

REIT-Besteuerung

Ich habe die REITs noch nicht vorgestellt, so dass dieses Material verfrüht erscheinen wird. In zwei Kapiteln werde ich ausführlich über sie sprechen. Sie können dieses Kapitel lesen und dann zu diesem Abschnitt zurückkehren. REITs sind dividendenstarke Aktien, die sich auf Immobilien konzentrieren. Das Wichtigste bei REITs ist, dass sich die Dividendenterminologie ein wenig ändert.

REITs zahlen normale Dividenden und Kapitalrenditen oder ROC-Dividenden. Die Kapitalrendite ist für die meisten Menschen ein schwieriges Konzept, daher lohnt es sich, die Zeit zu investieren, um sie zu verstehen. Im Gegensatz zu einem Unternehmen, das das Verhältnis zwischen qualifizierten und gewöhnlichen Dividenden selbst bestimmen kann, haben REITs diese Wahl nicht.

Stattdessen bestimmt das Finanzamt, ob es sich um qualifizierte oder gewöhnliche Dividenden handelt. Gewöhnliche Dividenden werden mit dem Einkommensteuersatz besteuert, während ROC-Ausschüttungen als steuerlich aufgeschoben gelten, d. h. Sie zahlen keine Steuern, sobald Sie sie erhalten, und müssen möglicherweise überhaupt keine Steuern zahlen.

Der Grund dafür ist, dass das Finanzamt die ROC-Auszahlungen so betrachtet, als würde der REIT Ihnen Ihr Geld zurückgeben. Allerdings gibt es einen Haken. ROC-Ausschüttungen verringern Ihre Kostenbasis. Wenn Sie zum Beispiel einen REIT für 100 $ kaufen und eine ROC-Dividende von 1 $ erhalten und den REIT im nächsten Jahr für 105 $ verkaufen, sollte Ihr Kapitalgewinn (105-100) 5 $ betragen, richtig? Nicht ganz.

Die ROC verringert Ihre Kostenbasis um einen Dollar, d. h. Ihr Kapitalgewinn beträgt (105-99) 6 $. Auf diesen geänderten Betrag zahlen Sie Kapitalertragssteuern. Sie könnten also einen REIT für 100 $ kaufen, ihn für 100 $ verkaufen, während Sie ROC-Zahlungen erhalten, und trotzdem Kapitalertragssteuern zahlen. Auf dem Papier hört sich das seltsam an, aber es kann über einen ausreichend langen Zeitraum geschehen.

Sie können jedoch die Zahlung von Steuern auf ROC-Ausschüttungen auf ewig vermeiden. Und so funktioniert es. Da die ROC-Dividende Ihre Kostenbasis immer weiter senkt, ist es nicht unrealistisch, sich eine Situation vorzustellen, in der Ihre Kostenbasis schließlich auf Null sinkt. Jede ROC-Zahlung ab diesem

Zeitpunkt zieht langfristige Kapitalertragssteuern nach sich, die, wie Sie bereits gelernt haben, auf 20 % begrenzt sind.

Sie können die Zahlung von Steuern auf die ROC-Dividenden, die Sie vor Erreichen der Null-Kostenbasis erhalten haben, vermeiden, indem Sie Ihren REIT nie verkaufen und ihn stattdessen an Ihre Erben weitergeben. Wenn Sie dies tun, wird die Kostenbasis Ihrer Erben an den Preis angepasst, zu dem der REIT am Tag Ihres Todes verkauft wurde. Da sie weiterhin ROC-Dividenden erhalten, sinkt ihre Kostenbasis weiter, und sie zahlen keine Steuern, bis sie auf null sinkt. Es ist also möglich, REITs auf diese Weise über Generationen weiterzugeben und ROC-Steuern zu vermeiden. Der Trick besteht natürlich darin, einen REIT zu wählen, der diese Art von Durchhaltevermögen hat.

Zu beachten ist auch, dass das Finanzamt strenge Regeln für die Definition der ROC-Komponente einer Investition hat. Der Teil einer Dividendenzahlung, der das Nettoeinkommen des REITs übersteigt, wird als ROC betrachtet. Sie fragen sich vielleicht, wie ein REIT eine Dividende zahlen kann, die höher ist als sein Nettoeinkommen? Nun, das ist der Grund, warum die Welt der REITs in Bezug auf die Besteuerung ein wenig seltsam ist. Warum das so ist, werden Sie in den nächsten zwei Kapiteln erfahren.

Bis dahin sollten Sie sich darüber im Klaren sein, dass die ROC-Besteuerung von REIT-Dividenden diese von normalen Dividendenzahlungen unterscheidet. Beachten Sie auch, dass REITs, die Sie in einer gewöhnlichen IRA halten, wie reguläre Dividendenzahlungen als gewöhnliches Einkommen besteuert werden, ROC hin oder her. Roth IRAs bringen ihre eigenen Besonderheiten mit sich und Sie können am Ende null Steuern auf Ihr REIT-Einkommen zahlen, vorausgesetzt, Sie ziehen Ihre Erträge im richtigen Alter ab.

Damit kommen wir zum Schluss der Diskussion über die Besteuerung. Wie Sie sehen, ist das Thema nicht sonderlich komplex, aber es gibt ein paar Nuancen, die Sie beachten müssen. Im Zweifelsfall sollten Sie sich von einem Steuerberater beraten lassen.

Ergänzendes Segment 1: Lebenserhaltung durch Dividenden

Das Ziel von Investitionen in Dividenden und in den Aktienmarkt im Allgemeinen ist es, sicherzustellen, dass Sie genug Geld für einen komfortablen Ruhestand übrig haben. Dividenden können Ihnen mehr als genug passives Einkommen verschaffen, um Ihre Ausgaben zu decken. Allerdings braucht man Zeit, um sie aufzubauen, und auch ein bisschen Glück, was die Marktpositionen angeht.

Sie könnten zum Beispiel alles richtig machen, aber der Markt könnte gerade dann abstürzen, wenn Sie Ihren Ruhestand planen. Das bedeutet, dass die Renditen Ihres Portfolios zwar gleich bleiben, aber die Höhe Ihres passiven Einkommens geringer ausfällt. Leider gibt es keine Garantie dafür, dass es nicht zu einem Markteinbruch kommt, aber Sie können sich so gut wie möglich vor den negativen Auswirkungen schützen.

Reduzieren Sie das Risiko

In den frühen Phasen Ihrer Anlagekarriere sollten Sie dem Kapitalwachstum Vorrang vor der Dividendenrendite einräumen. Jeden Monat Bargeld zu erhalten, klingt zwar toll, ist aber nicht der beste Weg, um Ihr Portfolio zu vergrößern. So ist der Aktienmarkt seit 2009 um durchschnittlich 15,41 % pro Jahr gestiegen. Dabei sind die Dividenden, die die Aktien des S&P 500 gezahlt haben, noch nicht berücksichtigt.

Im Gegensatz dazu erscheint selbst eine hochverzinsliche Dividendenaktie, die 10 % zahlt, viel weniger. Langfristig gesehen sind es die Kapitalgewinne, die Wohlstand schaffen. Dividenden sind Einkommen, also müssen Sie ihnen je nach Ihren Zielen Priorität einräumen. Wenn Sie jünger sind, können Sie arbeiten, um ein Einkommen zu erzielen, und brauchen nicht unbedingt Dividenden, auch wenn sie eine nette Sache sind.

Wenn Sie älter werden, nimmt Ihre Arbeitsfähigkeit ab, und Sie brauchen Einkommen mehr als Kapitalwachstum. Daher müssen Sie dem Einkommen den Vorrang geben, d. h. Sie müssen Ihr Geld in Anlagen investieren, die Ihnen eine gute Rendite bieten. Beachten Sie, dass eine hohe Rendite allein nicht viel wert ist. Ihr Geld muss sicher sein. Achten Sie also darauf, dass Sie keine Renditefallen oder Aktien mit künstlich hohen Renditen kaufen, wie ich bereits erwähnt habe.

Solide Anlagegrundsätze gelten auch im Ruhestand, aber Sie werden nur nach Aktien oder Instrumenten suchen, die Ihnen hohe Renditen bringen. Es gibt viele Instrumente, mit denen Sie eine sichere Rendite von vier bis fünf Prozent erzielen können, also machen Sie sich keine Sorgen, dass Sie nicht genug Geld erhalten, um Ihre Rechnungen zu bezahlen. Bauen Sie Ihr Kapital so weit wie möglich aus und transferieren Sie es dann in hochverzinsliche Aktien, sobald Sie bereit sind, ein passives Einkommen zu beziehen.

Timing der Übertragungen

Die Frage, wann Sie Ihre Bestände von kapitalwachstumsorientierten Dividendenaktien in hochverzinsliche Aktien umschichten sollten, ist nicht ganz einfach zu beantworten. Vieles hängt von Ihrer persönlichen Situation ab. Als Faustregel gilt, dass Sie mit der Umschichtung Ihres Geldes mindestens zwei bis fünf Jahre vor dem geplanten Renteneintritt beginnen sollten.

Die Gleichung ändert sich, wenn Sie Ihr Geld auf einem Rentenkonto gehalten haben. Die steuerlichen Nachteile von Dividenden auf diesen Konten bedeuten, dass Sie nur dann zusätzliches Geld zahlen, wenn Sie Ihre Anlagen in hochverzinsliche Instrumente umschichten. Daher ist es besser, das Geld so lange zu behalten, bis Sie bereit sind, den Pauschalbetrag abzuheben. Es ist zwar nicht ratsam, eine große Summe auf einmal in Instrumente zu investieren, aber es ist die beste Option, die Sie haben.

Es versteht sich von selbst, dass Sie etwa fünf Jahre vor der Pensionierung mit der Marktbeobachtung beginnen sollten. Ihr Ziel bei der Marktbeobachtung ist es nicht, einen Absturz vorherzusagen, denn das ist unmöglich. Ihr Ziel ist es vielmehr, sich mit den möglichen Instrumenten vertraut zu machen, in die Sie Ihr Geld investieren könnten. Machen Sie sich auf die Suche nach ihnen und beginnen Sie, sie zu verstehen.

Beachten Sie, dass Investitionen in einzelne Unternehmen im Ruhestand sogar noch riskanter sind als vor dem Ruhestand, so dass Sie noch mehr Wert auf solide Anlagegrundsätze legen sollten. Es könnte eine gute Idee sein, in Fonds zu investieren und Dividendenerträge passiv zu nutzen. Wenn Sie jedoch genug Vertrauen in Ihre Fähigkeiten haben und eine erfolgreiche Erfolgsbilanz vorweisen können, gibt es keinen Grund für einen Wechsel.

Ich habe bereits beschrieben, wie Sie berechnen können, wie viel Kapital Sie benötigen, um Ihre Ausgaben zu bestreiten. Natürlich ist die finanzielle Situation eines jeden Menschen anders, so dass Sie diese Zahlen für sich selbst anpassen müssen. Wenn Sie feststellen, dass Sie Ihre Ausgaben für den Ruhestand nicht vollständig aus passiven Einkünften bestreiten können, sollten Sie versuchen, einen bestimmten Prozentsatz der Ausgaben zu decken.

Außerdem sollten Sie sich darauf konzentrieren, Ihr Einkommen aus alternativen Quellen zu erhöhen, z. B. aus der Sozialversicherung oder einem Pensionsplan, wenn Ihr Arbeitgeber einen solchen anbietet. Beachten Sie, dass die Verzögerung des Einzugs der Sozialversicherungsbeiträge bis zum Alter von 67 Jahren - im Gegensatz zum Einzug mit 62 Jahren - massive Auswirkungen auf Ihr Kapital haben kann. Ein Aufschub des Renteneintritts um fünf Jahre verschafft Ihnen einen höheren Lebensstandard.

Kapitalerhalt

Eine weitere Möglichkeit, einen gesunden Ruhestand zu sichern, ist die jährliche Entnahme von vier Prozent Ihres Portfolios zur Deckung Ihrer Ausgaben. Eine Entnahmerate von vier Prozent pro Jahr in Verbindung mit einem dividendengestützten passiven Einkommen führt dazu, dass Sie sich fast 25 Jahre lang auf dieses Geld verlassen können.

Sie können Ihr Kapital auch in verschiedene Kategorien aufteilen und diese zur Deckung bestimmter Ausgaben heranziehen. Eine Geldkategorie könnte zum Beispiel für Lebenshaltungskosten verwendet werden. Da diese lebensnotwendig sind, könnten Sie den größten Anteil Ihres Portfolios für diese Investitionen verwenden. Da Sie dieses Geld immer brauchen werden, könnten Sie es auch in sichere Instrumente investieren.

Ein weiterer Eimer könnte für nicht lebensnotwendige Investitionen verwendet werden. Mit diesem Geld können Sie einige Risiken eingehen und es in alternative Instrumente mit höherer Rendite investieren, die ich im nächsten Kapitel vorstellen werde. Wenn der Markt einen Abschwung erleidet, werden Sie davon nicht negativ betroffen sein, da Sie diese Ausgaben auslassen können.

Vorbereitung ist der Schlüssel zu einem erfolgreichen Leben mit Ihren Dividenden. Vergewissern Sie sich, dass Sie Ihre Ausgaben im Ruhestand richtig einschätzen und bei diesen Zahlen eine gute Sicherheitsspanne einkalkulieren. Manche Menschen neigen dazu, unrealistische Schätzungen vorzunehmen, was dazu führt, dass sie ihre Ziele nicht erreichen.

Ergänzendes Segment 2: Alternative Finanzinstrumente

Dividendenaktien und -fonds sind großartig, aber es gibt auch andere Instrumente, in die Sie investieren können, um Dividendenerträge zu erzielen. Diese Instrumente reichen von sicheren bis hin zu spekulativen Anlagen, sind also nicht alle gleich. Vergewissern Sie sich, dass Sie die Risiken von Investitionen in einige dieser Instrumente verstehen, bevor Sie sich für sie entscheiden.

Werfen wir also einen Blick auf eines der beliebtesten Anlageinstrumente.

REITs

Real Estate Investment Trusts (REITs) sind eine großartige Möglichkeit, in Immobilien zu investieren, ohne das Geld für den physischen Besitz aufbringen zu müssen. Bei physischen Immobilien müssen Sie eine beträchtliche Summe in Form einer Anzahlung investieren und dann eine Hypothek aufnehmen, um den

Kauf der Immobilie zu finanzieren. Das bedeutet, dass Sie erhebliche Hürden überwinden müssen, um eine Immobilie zu besitzen. Sobald Sie die Immobilie besitzen, müssen Sie sich um weitere Dinge kümmern, z. B. um die Instandhaltung und so weiter.

Wenn Sie knapp bei Kasse sind, bieten Ihnen REITs eine gute Möglichkeit, in den Immobilienmarkt einzusteigen. Ein REIT ist ein börsennotiertes Unternehmen, das vom Finanzamt steuerlich bevorzugt behandelt wird. Sie zahlen keine Körperschaftssteuer, was bedeutet, dass die geschäftsführenden Partner des REIT einen größeren Anteil der Unternehmensgewinne mit nach Hause nehmen können. Der Haken an der Sache ist, dass das Finanzamt vorschreibt, dass REITs 90 % der Gewinne als Dividenden an die Anleger ausschütten.

Dies hat zur Folge, dass REIT-Anleger höhere Dividendenrenditen aus ihren Anlagen erhalten. Der durchschnittliche REIT zahlt eine Rendite von fast sechs Prozent im Vergleich zu den durchschnittlichen drei Prozent, die eine Aktie abwirft. Daher sind REITs bei Anlegern, die Wert auf Einkommen legen, sehr beliebt. Die Kehrseite der Medaille ist, dass REITs nicht so viele Kapitalgewinne bieten wie Immobilien oder Aktien.

Das liegt an der Art und Weise, wie ein REIT strukturiert ist. Im Wesentlichen verwaltet ein REIT Immobilien und kassiert daraus Mieten. Er kann die Immobilie sogar verkaufen und einen Kapitalgewinn erzielen, aber das passiert bei einem stabilen REIT nicht allzu oft. Das Ziel ist es, so viel wie möglich an Verwaltungsgebühren (durch Mietzahlungen usw.) zu verdienen.

Immobilien in den Vereinigten Staaten sind eine lukrative Investition, aber lokale Immobilienfaktoren bestimmen die Rate, mit der das Kapital wächst. Angesichts des landesweiten Engagements großer REITs neigen die Kapitalgewinne zu Schwankungen, wobei ein Teil des Portfolios den anderen ausgleicht. Das bedeutet nicht, dass es keine Kapitalgewinne gibt, aber es bedeutet, dass Sie nicht erwarten können, dass Ihr Portfolio mit der gleichen Rate wächst.

Es gibt verschiedene Arten von REITs, in die Sie investieren können. Werfen wir einen Blick darauf, welche die besten sind.

Arten von Immobilieninvestitionen

Ein REIT kann in alle Arten von Immobilien investieren. Die Arten von Investitionen reichen von Wohnimmobilien über Gewerbeimmobilien bis hin zu unbebauten Grundstücken. Es gibt zum Beispiel REITs, die sich auf Investitionen in Land spezialisiert haben, das für den Anbau von Marihuana reserviert ist. Es gibt REITs, die in Land investieren, das für Mobilfunkmasten, Landwirtschaft usw. reserviert ist. Diese REITs werden im Allgemeinen als

Equity-REITs eingestuft. Sie besitzen einen Anteil an den Immobilien, in die sie investiert haben, und es liegt in ihrem besten Interesse, diese zu erhalten und zu entwickeln.

Die andere Art von REIT ist ein Hypotheken-REIT. Diese REITs fungieren als Finanzierer von Bauprojekten und verdienen Geld über die Zinszahlungen, die der Bauträger leistet. Kurz gesagt, sie verleihen Geld an Bauträger und erhalten dafür Zinsen.

Hypotheken-REITs sind komplexe Unternehmen, die für die meisten Menschen nicht geeignet sein dürften. Sie betreiben Finanz-Engineering, und es ist nicht ganz einfach, sie zu analysieren. Sie investieren größtenteils in hypothekarisch gesicherte Wertpapiere und andere durch Vermögenswerte gesicherte Instrumente, die undurchsichtig sind und für die es keine liquiden Märkte gibt. Aus diesem Grund sind Equity-REITs viel einfacher zu verstehen.

Innerhalb des Equity-REIT-Bereichs gibt es mehrere Arten von Immobilien, in die REITs investieren. Es gibt zum Beispiel Unternehmen, die in Wohn- und Gewerbeimmobilien investieren. Einige REITs investieren nur in gewerbliche Einkaufsmöglichkeiten wie Einkaufszentren, während andere nur in Büroflächen investieren usw.

Jeder REIT hat seine eigene Strategie, und Sie sollten sich die Zeit nehmen, sie gründlich zu verstehen.

Finanzielle Nuancen

Eines der Dinge, mit denen sich die meisten Anfänger schwer tun, ist die REIT-Buchhaltung, insbesondere die Abschreibung. REITs müssen die allgemeinen Rechnungslegungsgrundsätze befolgen, die für alle Unternehmen in den Vereinigten Staaten gelten, aber diese Grundsätze bringen REITs oft in eine seltsame Lage.

Schauen Sie sich eine Auswahl von REITs an, und Sie werden feststellen, dass viele von ihnen Ausschüttungsquoten von über 100 % haben. Das macht überhaupt keinen Sinn, wenn man bedenkt, dass REITs diesen Betrag über viele Jahre hinweg kontinuierlich ausschütten werden. Woher kommt also das Geld?

Diese Anomalie ergibt sich aus der Art und Weise, wie die Abschreibung von Vermögenswerten gehandhabt wird. Im vorangegangenen Beispiel war die Abschreibung eines Möbelstücks sinnvoll. Der wichtigste Vermögenswert eines REITs sind jedoch Immobilien. Dieser Vermögenswert erfährt im Laufe der Zeit eine Wertsteigerung und wird nicht abgeschrieben, es sei denn, der REIT verwaltet ihn nicht richtig.

Daher ist der Abschreibungsaufwand, den der REIT ausweist, völlig falsch. In den Gewinn- und Verlustrechnungen wird dieser Abzug jedoch trotzdem ausgewiesen, weil die Rechnungslegungsgrundsätze dies vorschreiben. Der

Nettogewinn unter dem Strich entspricht also bei weitem nicht den tatsächlichen Cash-Einnahmen des REITs. Anleger sollten bei der Betrachtung der REIT-Erträge immer die Cashflow-Rechnung berücksichtigen, da die Gewinn- und Verlustrechnung kaum Anhaltspunkte liefert.

Das ist auch der Grund, warum das Finanzamt die ROC so behandelt hat. Jedes Einkommen, das über das angegebene Nettoeinkommen hinausgeht, ist ROC. REITs, die eine Menge alter Immobilien in ihren Büchern haben, haben ihre Immobilien fast auf Null abgeschrieben, erzielen aber einen hohen Cashflow damit. Der hohe Abschreibungsaufwand sorgt dafür, dass die ROC-Dividenden hoch sind, wovon die Anleger profitieren.

Seien Sie vorsichtig, wenn Sie Kennzahlen wie die Gesamtkapitalrendite (ROA) eines REITs analysieren. Die ROA wird berechnet, indem das Nettoeinkommen durch das Gesamtvermögen geteilt wird, aber beide Zahlen sind bei einem REIT aufgrund der Art, wie sie verbucht werden, nutzlos. Die Aktiva werden abgeschrieben, anstatt aufgebläht zu werden, und der Nettoertrag umfasst die Abschreibungen, die es nicht gibt.

Übrigens ist die Abschreibung ein Vorteil, wenn man eine Immobilie besitzt, denn sie ermöglicht es, das Nettoeinkommen aus der Immobilie auf dem Papier zu senken. Viele Immobilieneigentümer nutzen dies zusammen mit anderen steuerlichen Abschreibungsmöglichkeiten, um ihre Steuern zu senken. Diese Vorteile stehen REIT-Anlegern nicht zur Verfügung, da sie keine Immobilien besitzen. Stattdessen besitzen sie Anteile an einem Unternehmen, das Immobilien besitzt.

Wenn Sie also genug Geld haben, um eine Immobilie zu besitzen, und die Sicherheit, die sie bietet, zusammen mit den Mieteinnahmen schätzen, sollten Sie in Erwägung ziehen, sie zu kaufen, anstatt das Geld in einen REIT zu investieren. Die Steuerabschreibungen, die Sie erhalten, machen es für Sie lohnender als ein REIT. Wenn Sie jedoch in erster Linie ein passives Einkommen anstreben, gibt es nichts Besseres als einen REIT.

Ein weiterer Punkt, den Sie bei einem REIT beachten sollten, ist, dass dieser nicht 90 % seiner Mieteinnahmen an die Investoren ausschüttet. Sie zahlen 90 % ihrer Gewinne aus, d. h., sie ziehen ihre Kosten von den Mieteinnahmen ab und geben 90 % dieser Zahl an die Anleger zurück. Vergleichen Sie die Dividendenausschüttung mit den Einnahmen des REITs. Eine große Diskrepanz zwischen den Zahlen deutet darauf hin, dass das Management eher darauf bedacht ist, sich die Taschen zu füllen, als ein gutes Geschäft zu führen.

Sie können auch in einen REIT-Index über einen Indexfonds investieren. Die Renditen sind dann zwar niedriger, aber Sie investieren völlig passiv. Insgesamt sind REITs eine hervorragende Anlage für diejenigen, die ein passives Einkommen erzielen möchten.

Covered-Call-Fonds

Covered Calls sind eine Optionshandelsstrategie, die darauf abzielt, ein stetiges Einkommen in einem Portfolio zu erzielen. Die Idee besteht darin, eine Aktie zu besitzen und dann eine synthetische Dividende aus dieser Aktie zu erhalten, auch wenn sie keine Dividende zahlt.

Und so funktioniert es. Nehmen wir an, Sie kaufen 50 Aktien von Amazon. Amazon zahlt keine Dividende, aber Sie möchten einen Cashflow aus Ihrem Aktienkauf erzielen. Das erreichen Sie, indem Sie eine Call-Option schreiben oder verkaufen. Der Käufer einer Call-Option hat das Recht, die Aktie zu einem bestimmten Preis zu kaufen, und verdient Geld, wenn der Aktienkurs steigt. Umgekehrt verdienen Call-Käufer so lange Geld, wie der Aktienkurs unter dem Auslösepreis der Call-Option liegt.

Wenn ein Anleger eine Kaufoption schreibt, erhält er eine Prämie, d. h. die Kosten, die der Käufer an den Verkäufer zahlt. Alle Optionen verfallen zu einem bestimmten Zeitpunkt. Bleibt die Aktie vor dem Verfallsdatum unter dem Auslösepreis, behält der Stillhalter die Prämie, und der Käufer hat Pech und erhält nichts.

Steigt die Aktie jedoch vor dem Verfall über den Auslösepreis der Option, muss der Verkäufer die Aktie, die er besitzt, zum Auslösepreis an den Käufer verkaufen. Damit verliert der Stillhalter seine Position in der Aktie. Ich verstehe, dass dies kompliziert sein kann, wenn Sie noch nie etwas von Optionen oder Derivaten gehört haben, aber genau das ist mein Punkt. Gedeckte Calls erfordern ein spezielles Management, und die meisten Anleger stürzen sich auf sie, ohne zu verstehen, was eigentlich hinter den Kulissen passiert.

Man hört viel über Covered Calls, insbesondere QYLD, die eine Rendite von 13 % oder mehr abwerfen. Diese Rendite stimmt, und sie wird nicht durch Kursrückgänge erzielt. Allerdings bietet QYLD fast keine Kapitalgewinne. Darüber hinaus leidet es unter regelmäßigen Kapitalverlusten, was die 13 % Rendite zunichte macht. Es macht keinen Sinn, 13 % auf eine schrumpfende Kapitalsumme zu erwirtschaften.

Es ist ratsam, einen kleinen Teil Ihres Portfolios in diese Fonds zu investieren, aber machen Sie sich keine Sorgen, wenn Sie nicht in diese Fonds investiert sind. Die hohen Renditen werden durch sehr wahrscheinliche Kapitalverluste ausgeglichen.

Andere Instrumente

Wenn man von Dividenden spricht, stößt man irgendwann auf BDCs, MLPs und geschlossene Fonds. BDCs sind Unternehmensentwicklungsgesellschaften, die Geld verdienen, indem sie in finanziell angeschlagene Unternehmen investieren.

Sie versuchen, diese Unternehmen zu sanieren und mit Schulden zu finanzieren, und kassieren dann Dividenden von diesen Sanierungsunternehmen, die sie an ihre Anleger weitergeben.

Die Geschäftsmodelle von BDCs ähneln denen von Unternehmensräubern in früheren Zeiten. Diese Leute sattelten ihre Zielunternehmen mit Schulden auf, holten heraus, was sie konnten, und verkauften das Unternehmen entweder in Teilen oder mit Gewinn. Abgesehen von den ethischen Implikationen dieses Modells funktionieren die meisten Turnarounds nicht, und diese BDCs können illiquide sein. Es gibt jedoch Ausnahmen, und Sie können gute Unternehmen finden, die hohe Dividenden zahlen.

Nicht gehandelte BDCs haben hohe Gebühren, geringe Liquidität und sehr wenig Transparenz. Aufgrund dieser drei Merkmale ist es schwer zu rechtfertigen, dass Sie sie in Ihrem Anlageprogramm behalten.

MLPs sind in der Regel im Rohstoffsektor zu finden. Ein Erdölunternehmen ist in verschiedenen Bereichen tätig und benötigt einen Ort, an dem es seine Lieferanlagen, wie Pipelines und andere Maschinen, lagern kann. Ein MLP ist ein Unternehmen, das auf dem Papier mit der Muttergesellschaft unter Vertrag steht, während diese alle Karten in der Hand hält.

Einige MLP sind wunderbare Investitionen. Die meisten von ihnen sind jedoch riskant und können jederzeit von der Muttergesellschaft aufgelöst werden. Wenn Sie sich zutrauen, ihre Geschäftsmodelle zu durchschauen, sind sie eine sinnvolle Investition, aber es gibt auch einfachere Möglichkeiten, Geld zu verdienen.

Mit Differenzkontrakten oder CFDs können Sie in Instrumente investieren, die die Bewegungen von Aktien nachahmen. Nehmen wir an, Sie möchten in einen Indexfonds investieren, der die Entwicklung des Hongkonger Aktienmarktes abbildet. Anstatt einen Indexfonds bei einem Broker aus diesem Teil der Welt zu kaufen, können Sie einfach einen CFD erwerben, der Ihnen alle Vorteile des Originalinstruments bietet. Der CFD bewegt sich im Einklang mit dem Aktienindex und zahlt Ihnen die Dividenden, die der Indexfonds seinen Anlegern zahlt. Beachten Sie, dass CFDs derzeit in den Vereinigten Staaten nicht legal sind.

Schließlich gibt es noch geschlossene Fonds, die eine hervorragende Anlagemöglichkeit darstellen. Ihr größter Vorteil ist, dass diese Fonds im Gegensatz zu Investmentfonds, die immer neue Anleger aufnehmen, geschlossen sind. Dies führt dazu, dass ihre Kurse mit einem Abschlag auf ihren Nettoinventarwert (NAV) gehandelt werden. Die Anleger kaufen in dem Glauben, sie bekämen einen Dollar für einen Nickel.

Der Abschlag bleibt immer bestehen, da sie nicht für neue Anleger offen sind. Wie MLPs sind einige geschlossene Fonds großartige Investitionen, aber die meisten von ihnen sind ausgeklügelte Marketingmaschinen. Letztendlich gibt es auch hier einfachere Möglichkeiten, Geld zu verdienen.

Epilog

Dividendeninvestitionen sind eine der lukrativsten Möglichkeiten, Ihr Geld an den Märkten zu vermehren. Es braucht jedoch Zeit, und es ist sicherlich kein Schnell-Reich-Werden-Schema. Überlegen Sie sich zunächst, wie viel Sie im Ruhestand verdienen möchten, und verwenden Sie den in diesem Buch enthaltenen Rechner, um Ihren idealen Portfoliowert zu ermitteln.

Spielen Sie dann damit, wie viel Sie jeden Monat investieren können, und Sie werden einen klaren Plan für Ihren finanziellen Erfolg entwickeln. Vielen Anlegern am Aktienmarkt fehlt es an Geduld und sie sabotieren sich selbst. Aus Angst, etwas zu verpassen, und aus allgemeiner Furcht vor den Märkten verkaufen sie zu den ungünstigsten Zeitpunkten und fügen sich selbst großen Schaden zu.

Achten Sie darauf, das Material in diesem Buch regelmäßig zu lesen, da es weit über Anlagestrategien hinausgeht. An verschiedenen Stellen habe ich auf die Denkweise hingewiesen, die Sie haben müssen, um an den Märkten erfolgreich zu sein. Ohne die richtige Einstellung ist es unwahrscheinlich, dass Sie Ihre Investitionen lange genug halten können, um etwas zu bewirken.

Sie können sowohl aktiv als auch passiv investieren, denn beide Ansätze haben ihre Vorzüge. Aktives Investieren klingt nach etwas, an dem jeder interessiert ist, ist aber nicht leicht zu bewerkstelligen. Man braucht viel Zeit und Hingabe, damit diese Strategie funktioniert. Für die meisten Anleger ist passives Investieren viel sinnvoller, da Sie auf diese Weise Dividenden erhalten und Ihr Geld passiv wachsen kann.

Wenn die Zeit reif ist, sollten Sie damit beginnen, Ihr Geld in höher rentierende Instrumente zu investieren, um jeden Monat höhere Auszahlungen zu erzielen. Wenn Sie nicht alle Ihre Lebenshaltungskosten decken können, versuchen Sie, einen Teil davon zu decken und arbeiten Sie an der Erhöhung anderer Einkommensquellen. Denken Sie daran, dass Sie Ihre Dividenden in Ihre Anlagen umleiten und dass Sie auch dann steuerpflichtig sind, wenn Sie Ihre Ausschüttungen in Ihre Aktienpositionen umleiten.

Am Ende dieses Buches hoffe ich, dass Sie genauso begeistert sind wie ich von der Reise, die Sie nun antreten werden! Wenn Sie das Gefühl haben, dass dieses Buch Ihnen etwas beigebracht hat, was Sie vorher nicht wussten, lassen Sie es mich bitte wissen, indem Sie mir eine Rezension hinterlassen und mich wissen lassen, was Sie denken.

Ich wünsche Ihnen alle Gewinne und stetige Dividenden der Welt! Viel Spaß beim Investieren!

Milton Keynes UK
Ingram Content Group UK Ltd.
UKHW020750190923
428965UK00015B/928